*una vida
como lector*

el gozo de conocer nuevos mundos
a través de los ojos de otros

una vida
como lector

C. S. Lewis

GRUPO NELSON
Desde 1798

© 2023 por Grupo Nelson
Publicado en Nashville, Tennessee, Estados Unidos de América.
Grupo Nelson es una marca registrada de Thomas Nelson.
www.gruponelson.com

Este título también está disponible en formato electrónico.

Título en inglés: *The Reading Life*
© 2019 por C. S. Lewis Pte Ltd.
Publicado por HarperOne
HarperOne es una marca registrada de HarperCollins Publishers

La cita bíblica que aparece en esta obra ha sido tomada de la Santa Biblia
Reina Valera Antigua, (RVA), 1909, texto de dominio público.

Los fragmentos de los títulos que se citan a continuación fueron traducidos
por las siguientes personas:

Un experimento de crítica literaria	Ricardo Pochtar
De otros mundos y Sobre cuentos,	
historias y literatura fantástica	Amado Diéguez
Cautivado por la alegría	María Mercedes Lucini
George MacDonald: una antología	David Cerdá
Los cuatro amores	Pedro Antonio Urbina
Si Dios no escuchase	José Luis del Barco
Mero cristianismo	Verónica Fernández Muro
Reflexiones sobre los Salmos	Alfredo Blanco Solís
El peso de la gloria	
y Christian Reflections	Juan Carlos Martín Cobano
El resto de los textos	Alejandro Pimentel

Adaptación del diseño: *Setelee*

ISBN: 978-1-40160-730-2
eBook: 978-1-40160-731-9

Número de control de la Biblioteca del Congreso: 2022951222

Impreso en Estados Unidos de América
23 24 25 26 27 LBC 5 4 3 2 1

CONTENIDO

SEGUNDA PARTE: BREVES LECTURAS SOBRE LA LECTURA

PREFACIO

EL FAMOSO CRÍTICO literario William Empson describió una vez a C. S. Lewis como «el autor más erudito de entre toda su generación, uno que solía leer de todo y podía recordarlo».[1] Discúlpenme la exageración, pero es casi cierto en lo que se refiere al campo de la literatura, la filosofía y los clásicos. Cuando tenía tan solo diez años, Lewis empezó a leer a Milton y su *Paraíso perdido*. A los once años, empezó con aquella costumbre que él tuvo de adornar sus cartas con citas de la Biblia y de Shakespeare. En su adolescencia, Lewis ya leía los clásicos y obras contemporáneas en griego, latín, francés, alemán e italiano.

---

1. *C. S. Lewis at the Breakfast Table*, ed. por James Como (1992), p. xxiii.

Y ciertamente Lewis era capaz de recordar gran parte de lo que leía. Uno de sus alumnos recuerda que alguien podía citar cualquier párrafo de *Paraíso perdido* y Lewis podía seguir recitando la cita de memoria. Otro de sus alumnos dijo que podía tomar cualquier libro de la biblioteca de Lewis, abrirlo al azar y empezar a leer cualquier página, luego Lewis le ofrecía un resumen del resto de la página, por lo general palabra por palabra.[2] Con aquel poder de su memoria, se le hacía fácil recurrir a la cita adecuada para ilustrar lo que quería decir. Dado que aparentemente podía llevar toda una biblioteca en su cabeza, no nos debería sorprender que sus obras de investigación contuviesen en promedio unas mil citas cada una. Sus tres volúmenes de cartas contienen unas doce mil citas o referencias bibliográficas. Incluso la obra para niños *Las crónicas de Narnia* contiene casi cien alusiones a mitos, historia y literatura.

Pero tal como dijera Mortimer Adler: «En el caso de los buenos libros, no se trata de cuántos de

---

2. Derek Brewer en *Breakfast Table*, p. 47; Kenneth Tynan en Stephen Schofield, *In Search of C. S. Lewis*, pp. 6-7.

ellos puedes leer, sino de cuántos de ellos te logran impactar». Lewis habría estado de acuerdo con esta cita, y a menudo comentaba cuánto influyeron en su visión del mundo y su susceptibilidad los libros que leyó, desde los de Beatrix Potter durante su niñez hasta sus repasos de la *Ilíada* de Homero, *Casa desolada* de Dickens e *In Memoriam* de Tennyson hasta llegadas las últimas semanas antes de su fallecimiento en noviembre de 1963.

Lewis fue un lector disciplinado y se concentraba en sus lecturas. Sus colegas recuerdan que podía sentarse largas horas en la Biblioteca Bodleiana de Oxford, leyendo con detenimiento y digiriendo los textos, ignorando completamente lo que sucedía a su alrededor. Cuando se dedicaba a leer libros de su propia biblioteca, a menudo escribía notas al margen y creaba su propio índice al dorso de la portada. Si descubría que un libro no valía la pena leerlo, como sucedió con *Don Juan* de Byron, anotaba en la contraportada: «¡Nunca más!».

Desde luego, la lectura fue uno de los mayores placeres que tuvo Lewis. En sus memorias, *Cautivado por la alegría*, Lewis describió su rutina ideal diaria: leer y escribir desde las nueve de la mañana hasta la una de la tarde y nuevamente desde las cinco hasta las siete, con descansos para comidas, caminar o la hora del té. Aparte de aquellas seis horas de estudio cada día, también disfrutaba de lecturas breves luego de las comidas o en la noche. En definitiva, el horario favorito de Lewis parecía incluir siete u ocho horas de lectura al día. Lewis consideraba la lectura como un llamado supremo y una fuente inagotable de satisfacción. De hecho, su sentido de vocación y diversión eran casi idénticos cada vez que leía un libro, y a menudo cuando escribía.

Con frecuencia, Lewis describía la comunidad que se logra formar cuando uno se encuentra entre gente que comparte la pasión por la lectura (ver el capítulo títulado «Cómo saber si eres un verdadero lector»). Esta comunidad no es una en donde sencillamente se comparte una afición, sino una de gente cuyos mundos han sido ensanchados y profundizados por los libros. Se trata de un grupo distinto. Esta colección de Lewis reúne selecciones divertidas, imaginativas y con buenos consejos que surgen

de toda una vida dedicada a la escritura y que será
de mucho interés para todos aquellos que comparten esta pasión. Nos referimos a todos aquellos que
comparten amor por la literatura, ya sea de fantasías
para niños, poesía, ciencia ficción o Jane Austen.
Hemos omitido sus opiniones respecto a los clásicos o la literatura histórica, los cuales fueron su
especialidad académica; hemos añadido solamente
sus consejos y opiniones en torno a la actividad
compartida de la lectura de obras de interés general.
Tampoco hemos incluido sus muchos comentarios
sobre las lecturas cristianas o devocionales. Este libro se dirige a los participantes de los clubes de lectura, en su definición más amplia.

Una de las delicias del pensamiento de Lewis
respecto a la lectura es lo amplia que demostraba
ser su pasión, que jamás olvidó la alegría de su niñez cuando descubrió que los libros era portales
hacia otros mundos. Tal como lo explicara Lewis:
«La experiencia literaria cura la herida de la individualidad, sin socavar sus privilegios [...]. Cuando
leo gran literatura me convierto en mil personas diferentes sin dejar de ser yo mismo. Como el cielo

nocturno en el poema griego, veo con una miríada de ojos, pero sigo siendo yo el que ve. Aquí, como en la adoración, en el amor, en la acción moral y en el conocimiento, me trasciendo a mí mismo y en ninguna otra actividad logro ser más yo».

Este libro es para que los que participan de este club de lectura logren entretenerse e instruirse. Esperamos que logres disfrutar de esta nueva ventana que se abre al ingenio y buen juicio de C. S. Lewis.

DAVID C. DOWNING
Codirector del Marion E. Wade Center
en Wheaton College en Illinois

MICHAEL G. MAUDLIN
Vicepresidente sénior y editor
ejecutivo, HarperOne

sobre el arte
y disfrute
de la lectura

POR QUÉ LEEMOS

LO QUE BUSCAMOS es una ampliación de nuestro ser.
Queremos ser más de lo que somos.

Por naturaleza, cada uno de nosotros ve el
mundo desde un punto de vista, y con un criterio
selectivo, que le son propios. E, incluso, nuestras
fantasías desinteresadas están llenas de peculiarida-
des psicológicas que las condicionan y limitan. En
el plano de la sensibilidad, solo los locos aceptan
sin más —o sea, sin corregir los errores de perspectiva— esta visión personal. No podemos creer
que los raíles se estrechan a medida que se alejan.
Pero no solo en ese nivel inferior queremos evitar
las ilusiones de perspectiva. Queremos ver también

Un experimento de crítica literaria

(del Epílogo)

por otros ojos, imaginar con otras imaginaciones, sentir con otros corazones. No nos conformamos con ser mónadas leibnizianas. Queremos ventanas. La literatura, en su aspecto de *logos*, es una serie de ventanas e, incluso, de puertas. Una de las cosas que sentimos después de haber leído una gran obra es que hemos «salido»; o, desde otro punto de vista, «entrado», porque hemos atravesado el caparazón de alguna otra mónada y hemos descubierto cómo es por dentro.

Por tanto, leer bien, sin ser esencialmente una actividad sentimental, moral o intelectual, comparte algo con las tres. En el amor salimos de nosotros para entrar en otra persona. En el ámbito moral, todo acto de justicia o caridad exige que nos coloquemos en el lugar de otra persona y, por tanto, que hagamos a un lado nuestros intereses particulares. Cuando comprendemos algo descartamos los hechos tal como son. El primer impulso de cada persona consiste en afirmarse y desarrollarse. El segundo, en salir de sí misma, corregir su provincianismo y curar su soledad. Esto es lo que hacemos cuando amamos a alguien, cuando realizamos un acto moral o cognoscitivo y cuando «recibimos» una obra de arte. Sin duda, este proceso puede interpretarse como una ampliación o como una momentánea aniquilación de la propia identidad. Pero se trata de una vieja paradoja: «el que pierde su vida la salvará».

Queremos ver también por otros ojos, imaginar con otras imaginaciones, sentir con otros corazones.

Por tanto, disfrutamos participando de las creencias de otros hombres (por ejemplo, las de Lucrecio o las de Lawrence), aunque puedan parecernos falsas; de sus pasiones, aunque puedan parecernos depravadas, como, a veces, las de Marlowe o las de Carlyle; y también de sus imaginaciones, aunque carezcan de todo realismo de contenido.

Con esto no quiero decir que la literatura de poder deba interpretarse, una vez más, como un sector de la literatura de conocimiento, destinado a satisfacer nuestra curiosidad racional por la psicología de las otras personas. No se trata en absoluto de una cuestión de conocimiento (en este sentido del término). Se trata de *connaître*, no de *savoir*; se trata de *erleben*; nos convertimos en esas otras personas. No solo, ni fundamentalmente, para ver cómo son, sino para ver lo que ven, para ocupar por un momento sus butacas en el gran teatro, para ponernos sus gafas y contemplar desinteresadamente lo que se puede comprender, gozar, temer, admirar o festejar a través de esas gafas. Por tanto, no importa si el estado de ánimo expresado en un poema corresponde real e históricamente al que sintió el poeta, o solo se trata de algo que este imaginó. Lo que importa es su poder, su capacidad para hacérnoslo vivir. Dudo de que el estado de ánimo expresado en *The Apparition* tuviese para el Donne real otro peso que el de un mero juego o ficción dramática. Y dudo mucho más de que el Pope real sintiera, salvo al escribirlo —e, incluso entonces, de otro modo que como una mera ficción dramática—, el sentimiento expresado en el pasaje que comienza: «sí, estoy orgulloso». Pero ¿qué importa?

Aquí reside, si no me equivoco, el valor específico de la buena literatura considerada en su aspecto de *logos*; nos permite acceder a experiencias distintas de las nuestras. Al igual que estas, no todas esas experiencias valen la pena. Algunas resultan, como suele decirse, más «interesantes» que otras. Desde luego, las causas de ese interés son muy variadas, y son diferentes para cada persona. Algo puede interesarnos porque nos parece típico (decimos: «¡Qué verdadero!»), anormal (decimos: «¡Qué extraño!»), hermoso, terrible, pavoroso, regocijante, patético, cómico o solo excitante. La literatura nos da la *entrée* a todas esas experiencias. Los que estamos habituados a la buena lectura no solemos tener conciencia de la enorme ampliación de nuestro ser que nos ha deparado el contacto con los escritores. Es algo que comprendemos mejor cuando hablamos con un amigo que no sabe leer de ese modo. Puede estar lleno de bondad y de sentido común, pero vive en un mundo muy limitado, en el que nosotros nos sentiríamos ahogados. La persona que se contenta con ser solo ella misma, y por tanto, con ser menos persona, está encerrada en una cárcel. Siento que mis ojos no me bastan; necesito ver también por los de los demás.

La realidad, incluso vista a través de muchos ojos, no me basta; necesito ver lo que otros han inventado. Tampoco me bastarían los ojos de toda la humanidad; lamento que los animales no puedan escribir libros. Me agradaría muchísimo saber qué aspecto tienen las cosas para un ratón o una abeja; y más aún percibir el mundo olfativo de un perro, tan cargado de datos y emociones.

La experiencia literaria cura la herida de la individualidad, sin socavar sus privilegios. Hay emociones colectivas que también *curan esa herida*, pero destruyen los privilegios. En ellas nuestra identidad personal se funde con la de los demás y retrocedemos hasta el nivel de la subindividualidad. En cambio, cuando leo gran literatura me convierto en mil personas diferentes sin dejar de ser yo mismo. Como el cielo nocturno en el poema griego, veo con una miríada de ojos, pero sigo siendo yo el que ve. Aquí, como en la adoración, en el amor, en la acción moral y en el conocimiento, me trasciendo a mí mismo y en ninguna otra actividad logro ser más yo.

CÓMO SABER SI ERES
UN VERDADERO LECTOR

1. Te encanta releer libros
La mayoría nunca lee algo dos veces. El signo inequívoco de que alguien carece de sensibilidad literaria consiste en que, para él, la frase «Ya lo he leído» es un argumento inapelable contra la lectura de un determinado libro. Todos hemos conocido casos de mujeres cuyo recuerdo de determinada novela era tan vago que debían hojearla durante media hora en la biblioteca para poder estar seguras de haberla leído. Pero una vez alcanzada esa certeza, la novela quedaba descartada de inmediato. Para ellas, estaba muerta, como una cerilla quemada, un billete

Un experimento de crítica literaria

(del Capítulo 1, «La minoría y la mayoría»)

de tren utilizado o el periódico del día anterior: ya la habían usado. En cambio, quienes gustan de las grandes obras leen un mismo libro diez, veinte o treinta veces a lo largo de su vida.

2. Valoras en gran manera la lectura como actividad (no como último recurso)

En segundo lugar, aunque dentro de esa mayoría existan lectores habituales, estos no aprecian particularmente la lectura. Solo recurren a ella en última instancia. La abandonan con presteza tan pronto como descubren otra manera de pasar el tiempo. La reservan para los viajes en tren, para las enfermedades, para los raros momentos de obligada soledad, o para la actividad que consiste en «leer algo para conciliar el sueño». A veces la combinan con una conversación sobre cualquier otro tema, o con la audición de la radio. En cambio, las personas con sensibilidad literaria siempre están buscando tiempo y silencio para entregarse a la lectura, y concentran en ella toda su atención. Si, aunque solo sea por unos días, esa lectura atenta y sin perturbaciones les es vedada, se sienten empobrecidos.

3. Clasificas la lectura de determinados libros como una experiencia transformadora

En tercer lugar, para esta clase de personas, la primera lectura de una obra literaria suele ser una experiencia tan trascendental que solo admite comparación con las experiencias del amor, la religión o el duelo. Su conciencia sufre un cambio muy profundo. Ya no son los mismos. En cambio, los otros lectores no parecen experimentar nada semejante. Cuando han concluido la lectura de un cuento o una novela, a lo sumo no parece que les haya sucedido algo más que eso.

4. Lo que has leído es objeto continuo de reflexión y recuerdo

Por último, y como resultado natural de sus diferentes maneras de leer, la minoría conserva un recuerdo constante y destacado de lo que ha leído, mientras que la mayoría no vuelve a pensar en ello. En el primer caso, a los lectores les gusta repetir, cuando están solos, sus versos y estrofas preferidos. Los episodios y personajes de los libros les proporcionan una especie de iconografía de la que se valen para interpretar o resumir sus propias experiencias. Suelen dedicar bastante tiempo a comentar con otros sus lecturas. En cambio, los otros lectores rara vez piensan en los libros que han leído o hablan sobre ellos.

Parece evidente que, si se expresaran con claridad y serenidad, no nos reprocharían que tengamos un gusto equivocado sino, sencillamente, que armemos tanta alharaca por los libros. Lo que para nosotros constituye un ingrediente fundamental de nuestro bienestar solo tiene para ellos un valor secundario. Por tanto, limitarse a decir que a ellos les gusta una cosa y a nosotros otra equivale casi a dejar de lado lo más importante. Si la palabra correcta para designar lo que ellos hacen con los libros es *gustar*, entonces hay que encontrar otra palabra para designar lo que hacemos nosotros. O, a la inversa, si nosotros gustamos de nuestro tipo de libros, entonces no debe decirse que ellos gusten de libro alguno. Si la minoría tiene «buen gusto», entonces deberíamos decir que no hay «mal gusto»: porque la inclinación de la mayoría hacia el tipo de libros que prefiere es algo diferente; algo que, si la palabra se utilizara en forma unívoca, no debería llamarse gusto en modo alguno...

Muchas personas disfrutan con la música popular de una manera que es compatible con tararear la tonada, marcar el ritmo con el pie, hablar y comer. Y cuando la canción popular ha pasado de moda, ya no la disfrutan. La reacción de quienes disfrutan con Bach es totalmente diferente. Algunas personas compran cuadros porque, sin ellos, las paredes «parecen tan desnudas»; y, a la semana de estar en casa, esos cuadros se vuelven prácticamente invisibles para ellas. En cambio, hay una minoría que se nutre de un gran cuadro durante años. En cuanto a la naturaleza, la mayoría «gusta de una bonita vista, como cualquier persona». Les parece muy bien. Pero tomar en cuenta el paisaje para elegir, por ejemplo, un sitio de vacaciones —darle la misma importancia que a otras cosas tan serias como el lujo del hotel, la excelencia del campo de golf y lo soleado del clima—, eso ya les parece rebuscado.

POR QUÉ LAS HISTORIAS INFANTILES NO SON SOLO PARA LOS NIÑOS

Estoy pensando en establecer el siguiente canon: un relato infantil que solo gusta a los niños es un mal relato infantil. Los buenos perduran. Un vals que solo nos gusta cuando valsamos es un mal vals.

Este canon me parece más evidentemente cierto cuando lo aplicamos al tipo particular de relato infantil que yo más aprecio: el relato fantástico, o cuento de hadas. La crítica moderna utiliza «adulto» como término aprobatorio, pero se muestra hostil con eso que llama «nostalgia» y desdeñosa con eso que califica de «peterpantismo». De ahí

De otros mundos

(de «Tres formas de escribir para niños»)

que una persona que aprecie a enanos y gigantes y afirme que, a sus cincuenta y tres años, las bestias y las brujas aún le gustan tiene muchas menos probabilidades de recibir elogios por su perenne juventud que de ser objeto de mofa y compasión por atrofia en su desarrollo. Si dedico unas líneas a defenderme de estos cargos no es tanto porque me importe gran cosa que se mofen de mí o me compadezcan, sino porque mi defensa guarda relación con mi punto de vista sobre el cuento de hadas y la literatura en general. Mi defensa, en efecto, consiste en las tres alegaciones siguientes:

1. Respondo con un *tu quoque*. Los críticos que emplean «adulto» como término laudatorio en lugar de hacerlo en un sentido meramente descriptivo no pueden ser adultos. Estar preocupado por ser adulto, admirar lo adulto solo porque lo es y sonrojarse ante la sospecha de ser infantil son señas de identidad de la infancia y de la adolescencia. Con moderación, en la infancia y en la adolescencia constituyen síntomas saludables, porque el que es joven quiere crecer. Pero trasladar a la edad adulta, incluso a los primeros años de esta, esa preocupación por

ser adulto es, por el contrario, un signo de atrofia en el desarrollo. Cuando yo tenía diez años, leía cuentos de hadas a escondidas. Si me hubieran descubierto, habría sentido vergüenza. Ahora que tengo cincuenta los leo sin ocultarme. Cuando me hice hombre, abandoné las chiquilladas, incluidas las del temor a comportarme como un chiquillo y el deseo de ser muy mayor.

2. En mi opinión, el punto de vista moderno implica una falsa concepción de lo adulto. Los modernos nos acusan de atrofia en el desarrollo porque no hemos perdido los gustos de la infancia. Pero ¿y si la atrofia en el desarrollo consistiera no en negarse a perder lo que teníamos, sino en no poder añadirle nada nuevo? Me gusta el codillo, pero estoy seguro de que en mi infancia no me habría gustado nada. Sin embargo, sigue gustándome la limonada. Yo llamo a esto crecer o desarrollarse porque ahora soy más rico de lo que era: si antes solo disfrutaba de una cosa, ahora lo hago de dos. Si tuviera que perder el gusto por la limonada para que me gustase el codillo, yo no llamaría a eso crecimiento, sino simple cambio. Ahora me gustan Tolstói y Jane Austen

y Trollope, pero también los cuentos de hadas, y a eso yo lo llamo crecer. Si tuviera que dejar de leer cuentos de hadas para leer a los novelistas, no diría que he crecido, sino tan solo que he cambiado. Un árbol crece porque añade anillos a su tronco, un tren no lo hace cuando deja atrás una estación y se dirige resoplando a la siguiente. Pero, en realidad, la cuestión es más profunda y compleja. Creo que mi crecimiento se manifiesta tanto cuando leo a los novelistas como cuando leo cuentos de hadas, que ahora disfruto mejor que en la infancia: como soy capaz de poner más en ellos, también, cómo no, saco de ellos más. Pero no quiero recalcar aquí ese extremo. Aunque solo se tratara de añadir el gusto por la literatura adulta al gusto inalterado por la literatura infantil, a esta adición también podría llamársele «crecimiento», cosa que no podríamos llamar al proceso de dejar un paquete para tomar otro. Es, por supuesto, cierto que el proceso de crecimiento supone, por casualidad y por desgracia, algunas otras pérdidas, pero no es esto lo esencial en él ni, ciertamente, lo que lo hace admirable y deseable. Si fuera así, si dejar paquetes y abandonar estaciones constituyeran la esencia y virtud del crecimiento, ¿por qué íbamos a detenernos en lo adulto? ¿Por qué no habría de ser «senil» un término igualmente aprobatorio? ¿Por qué no íbamos a alegrarnos de perder el cabello y los dientes? Al parecer, algunos críticos confunden el crecimiento con los costes del crecimiento y desean que esos costes sean mucho más altos de lo que, en virtud de su naturaleza, tienen que ser.

Cuando yo tenía diez años, leía cuentos de hadas a escondidas. Si me hubieran descubierto, habría sentido vergüenza. Ahora que tengo cincuenta los leo sin ocultarme. Cuando me hice hombre, abandoné las chiquilladas, incluidas las del temor a comportarme como un chiquillo y el deseo de ser muy mayor.

3. La asociación entre cuentos de hadas y fantasía e infancia es local y accidental. Espero que todos hayan leído el ensayo de Tolkien sobre los cuentos de hadas, que tal vez sea la contribución al tema más importante que se haya hecho hasta la fecha. Si es así, sabrán que en la mayoría de las épocas y lugares el cuento de hadas no se ha elaborado especialmente para niños, ni han sido estos quienes lo han disfrutado en exclusiva. Gravitó hacia el parvulario cuando pasó de moda en los círculos literarios, igual que los muebles pasados de moda eran trasladados a la habitación de los niños en las casas victorianas. En realidad, y al igual que a otros muchos no les agradan los sofás de crin, a muchos niños no les agradan este tipo de libros; también hay muchos adultos a quienes sí les gustan, por el mismo motivo que a otros tantos les encantan las mecedoras. Por lo demás, es probable que a aquellos, mayores o pequeños, a quienes les gustan les agraden por la misma razón. Claro que ninguno de nosotros puede decir con certeza qué razón es esa. Las dos teorías en las que pienso más a menudo son la de Tolkien y la de Jung.

Según Tolkien,[1] el atractivo de los cuentos de hadas reside en el hecho de que el hombre ejercita en ellos con gran plenitud su función de «subcreador»; no, como ahora les encanta decir, haciendo «un comentario sobre la vida», sino creando, en la medida de lo posible, un mundo subordinado del suyo propio. Puesto que esta, en opinión de Tolkien, es una de las funciones más características del hombre, siempre que se cumpla bien, el disfrute surge de manera natural. Para Jung, los cuentos de hadas liberan Arquetipos que habitan en el subconsciente colectivo, así que cuando leemos un buen cuento de hadas estamos obedeciendo al viejo precepto «Conócete a ti mismo». Me atrevería a añadir a estas mi propia teoría, no, desde luego, del Género en su conjunto, sino de uno de sus rasgos. Me refiero a la presencia de seres distintos a los humanos que, sin embargo, se comportan, en diferentes grados, humanamente: los gigantes, los enanos y las bestias parlantes. Creo que todos ellos son, cuando menos (y es que pueden tener otras fuentes de poder y

---

1. J. R. R. Tolkien, «On Fairy-Stories», *Essays Presented to Charles Williams* (1947), pp. 66ss.

belleza), un admirable jeroglífico que tiene que ver con la psicología y con los tipos, y que transmite ambos elementos con mayor brevedad que las novelas y a lectores que aún no pueden asimilar su presentación novelesca. Consideremos al señor Tejón de *El viento en los sauces*, esa extraordinaria amalgama de altivez, hosquedad, mal humor, timidez y bondad. El niño que ha conocido al señor Tejón adquiere, en lo más profundo, unos conocimientos de la humanidad y de la historia social de Inglaterra que no podría conseguir de ninguna otra forma.

Por supuesto, al igual que no toda la literatura para niños es fantástica, no toda la literatura fantástica tiene por qué ser para niños. Todavía es posible, incluso en una época tan ferozmente antirromántica como la nuestra, escribir relatos fantásticos para adultos, aunque para publicarlos normalmente sea preciso haberse labrado un nombre en otro género literario más de moda. Puede haber un autor a quien en determinado momento le parezca que no solo la literatura fantástica, sino la literatura fantástica infantil, es la forma más precisa y adecuada para expresar lo que desea. La distinción es sutil.

Las fantasías para niños de ese autor y sus fantasías para adultos tendrán mucho más en común entre sí que ambas con la novela corriente o con lo que algunos llaman «la novela de la vida infantil». De hecho, es probable que algunos lectores lean sus novelas «juveniles» y también sus relatos fantásticos para adultos. Porque no necesito recordar a personas como ustedes que la división nítida de los libros por grupos de edad, a la que los editores son tan afectos, no guarda más que una relación muy laxa con los hábitos de los lectores reales. A quienes nos amonestan de adultos por leer libros infantiles ya nos amonestaban de niños por leer libros demasiado maduros. Ningún lector que se precie progresa por pura obediencia a un calendario.

LA LITERATURA COMO MEDIO PARA VIAJAR POR EL TIEMPO

MUCHOS PIENSAN QUE es razonable evaluar el conocimiento de los niños en geografía o (¡que Dios nos ayude!) en religión, pero no en lengua y literatura. Se justifican diciendo que tanto la geografía como la religión jamás tuvieron el propósito de entretener, mientras que la literatura sí. De hecho, se imaginan que la enseñanza de literatura sirve como una ayuda para «saber apreciar las cosas». Y saber apreciar las cosas es, de hecho, un requisito indispensable. Haberse reído del humor, estremecido de las tragedias, llorado por los sufrimientos, todo ello

---

Present Concerns

(de «The Death of English»)

es tan necesario como haber tenido que aprender gramática. Sin embargo, ni la gramática ni saber apreciar las cosas es el objetivo final.

El verdadero objetivo del estudio de la literatura es sacar al estudiante de ese provincianismo suyo convirtiéndolo en «espectador», y si no se logra hacerlo espectador de todo, que por lo menos sea de «el tiempo y la existencia». Aquel estudiante, o incluso el escolar, que haya sido educado por buenos maestros (y por ende con opiniones contrarias) y al que se le haya presentado el pasado donde aún permanece como pasado, logra ser sacado de la estrechez de su propia edad y grado escolar hacia un mundo más público. Empieza a aprender la verdadera *Fenomenología de la mente*, y descubre las distintas variedades que posee el ser humano. La «historia» por sí misma no será suficiente, ya que estudia el pasado principalmente de fuentes secundarias. Es posible dedicarse a muchos años de estudio de la historia sin que al final jamás se llegue a saber cómo era ser un *eorl* anglosajón (conde), un *cavalier* (realista inglés), un noble inglés del siglo dieciocho. El oro que avala el papel moneda se encuentra, casi exclusivamente, en la literatura. En ella se halla la liberación de la tiranía de las generalizaciones y las muletillas. Los que la estudian conocen, por ejemplo, las distintas realidades que hay detrás de la

> *El verdadero objetivo del estudio de la literatura es sacar al estudiante de ese provincianismo suyo convirtiéndolo en «espectador», y si no se logra hacerlo espectador de todo, que por lo menos sea de «el tiempo y la existencia».*

palabra «militarismo» en obras de Lancelot, el barón Bradwardine y Mulvaney. Si considero que las facultades inglesas de nuestras universidades son los principales custodios (bajo condiciones modernas) de las Humanidades, indudablemente me habré malinformado por la parcialidad de estos respecto a estudios que tanto aprecio. Sin embargo, de cierta manera me siento en una posición privilegiada para poder juzgarlos. He sido alumno y maestro por igual de *Literae Humaniores*, alumno y maestro por igual de literatura inglesa; confieso que en la Facultad de Historia he sido solamente maestro. Si alguien me dijera que los estudios de literatura inglesa son ahora los más liberales (y libertarios) de todos, no se me haría fácil contradecirlo.

POR QUÉ LOS CUENTOS DE HADAS SON DIEZ VECES MENOS ENGAÑOSOS QUE LAS HISTORIAS «REALISTAS»

MÁS O MENOS una vez cada cien años, algún sabelotodo alza la voz y se esfuerza por desterrar el cuento de hadas del territorio de la literatura para niños, de modo que es mejor que diga algunas palabras en su defensa.

Al cuento de hadas se le acusa de imbuir en los niños una impresión falsa del mundo que les rodea; sin embargo, yo creo que, de todos los libros que un niño lee, no hay ninguno que le dé una impresión menos falsa. Creo que es más probable que

De otros mundos

(de «Tres formas de escribir para niños»)

le engañen esas otras historias que pretenden pasar por literatura realista para niños. Yo nunca esperé que el mundo fuera como un cuento de hadas, pero creo que sí esperé que el colegio fuera como un cuento de colegios. Todas las historias en las que los niños experimentan aventuras y éxitos, posibles en el sentido de que no quiebran las leyes de la naturaleza, pero de una improbabilidad casi absoluta, corren más peligro de despertar falsas expectativas que los cuentos de hadas.

Respuesta casi idéntica puede darse a la frecuente acusación de escapismo que se cierne sobre este tipo de literatura, aunque en este caso la cuestión no es tan sencilla. ¿Enseñan los cuentos de hadas a los niños a refugiarse en un mundo de ensoñación —«fantasía», en el sentido técnico en que la psicología emplea la palabra— en lugar de a enfrentarse a los problemas del mundo real? Es en este punto donde el problema se vuelve más sutil. Comparemos de nuevo el cuento de hadas con el cuento escolar o con cualquier otro tipo de relato que lleve la etiqueta «cuento para niños» o «cuento para niñas» en oposición a «cuento infantil». Tanto el cuento de hadas como el cuento de ambiente escolar excitan deseos y, al menos desde un punto de vista imaginario, los satisfacen. Deseamos atravesar el espejo, llegar al país de las hadas. También deseamos ser ese chico o chica inmensamente popular y reconocido, o ese niño o niña que tiene la suerte de descubrir ese complot de espías o montar ese caballo que ningún *cowboy* ha podido domar. Pero se trata de deseos muy distintos. El segundo, especialmente cuando se centra en algo tan cercano como la vida escolar, es voraz y terriblemente serio. Su cumplimiento en el nivel imaginario es en verdad compensatorio: nos precipitamos hacia él por las decepciones y humillaciones del mundo real —claro que luego él nos devuelve a la realidad profundamente descontentos—, y es que no es otra cosa que una adulación de nuestro ego. El otro deseo, el de alcanzar el país de las hadas, es muy distinto. Un niño no desea conocer el país de las hadas como otro puede desear convertirse en el héroe de los once elegidos de su equipo de críquet. ¿Supone alguien que ese niño desea, en verdad y con los pies en la tierra, experimentar todos los peligros e incomodidades de un cuento de hadas? ¿De verdad desea que haya dragones en la Inglaterra de nuestros días? Desde luego que no. Es mucho más exacto decir que el país de las hadas despierta en él el deseo de algo indeterminado. Le excita y le preocupa (enriqueciéndole de por vida) con la vaga sensación de que algo está más allá de su alcance y, lejos de aburrirle o vaciar su mundo real, le permite conocer una dimensión nueva y más profunda. No desdeña los bosques reales porque haya leído cuentos de bosques encantados: esa lectura, por el contrario, hace que los bosques reales le parezcan un poco encantados. Este deseo, ciertamente, es de un tipo especial. El niño que lee la clase de cuento escolar que tengo en mente desea el éxito y se siente desgraciado (en cuanto concluye el libro) porque no puede conseguirlo. El niño que lee el cuento de hadas desea y es feliz por el solo hecho de desear, pues su mente no se ha visto dirigida hacia él mismo, como sucede con frecuencia con los relatos más realistas.

No pretendo decir que los relatos para chicos y para chicas ambientados en el mundo escolar no deberían escribirse. Lo único que digo es que tienen muchas más posibilidades de convertirse en «fantasías», entendido el término en su sentido clínico, que los cuentos fantásticos, una distinción que también puede aplicarse a las lecturas de los adultos. La fantasía peligrosa siempre es superficialmente realista. La verdadera víctima de la ensoñación del deseo ni se inmuta con la *Odisea*, *La tempestad* o *La serpiente Uróboros*; prefiere las historias de millonarios, bellezas despampanantes, hoteles de lujo, playas con palmeras y escenas de cama, cosas que podrían ocurrir en la realidad, que tendrían que ocurrir, que habrían ocurrido si al lector le hubieran dado una oportunidad. Porque, como yo digo, hay dos clases de deseo: el primero es una *askesis*, un ejercicio del espíritu; el segundo es una patología.

Un ataque mucho más serio al cuento de hadas como literatura infantil proviene de aquellos que no

[El niño] no desdeña los bosques reales porque haya leído cuentos de bosques encantados: esa lectura, por el contrario, hace que los bosques reales le parezcan un poco encantados.

desean que se atemorice a los niños. He padecido demasiados terrores nocturnos en mi infancia como para infravalorar esta objeción y no pretendo avivar los fuegos de ese infierno íntimo en ningún niño. Por otra parte, ninguno de mis miedos se debía a los cuentos de hadas. Los insectos gigantes eran mi especialidad, seguidos de los fantasmas. Supongo que eran los cuentos los que directa o indirectamente me inspiraban los sueños de fantasmas, pero, desde luego, no los cuentos de hadas. En cambio, no creo que los insectos se debieran a los cuentos. Tampoco creo que mis padres pudieran haber hecho o dejado de hacer nada que me salvara de las pinzas, mandíbulas y ojos de aquellas abominaciones de múltiples patas. Y en esto, como tantos han señalado, reside la dificultad. No sabemos qué asustará o no asustará a un niño de este modo tan particular. Digo «de este modo tan particular» porque es preciso establecer una distinción. Quienes dicen que a los niños no se les puede asustar pueden querer decir dos cosas. Pueden querer decir que (1) no debemos hacer nada que pueda inspirar en un niño esos miedos obsesivos, paralizantes y patológicos, es decir, esas *fobias*, frente a las cuales es inútil la valentía corriente. Su mente debe, si es posible, verse libre de esas cosas en las que no puede soportar pensar. Pero también pueden querer decir que (2) debemos intentar que no piense en que ha venido a un mundo donde hay muerte, violencia, dificultades, aventuras, heroísmo y cobardía, el bien y el mal. Si quieren decir lo primero, estoy de acuerdo con ellos, pero no estoy de acuerdo con lo segundo. Hacer caso a lo segundo sería, en realidad, dar a los niños una impresión falsa y educarlos en el escapismo, en el peor sentido de la palabra. Hay algo absurdo en la idea de educar de ese modo a una generación que ha nacido con la OGPU y la bomba atómica. Puesto que es tan probable que tengan que vérselas con enemigos muy crueles, dejemos al menos que hayan oído hablar de valientes caballeros y del valor de los héroes. De otro modo, solo conseguiremos que su destino sea más oscuro, no más brillante. Por otro lado, la mayoría no pensamos que la violencia y la sangre de los cuentos cree ningún miedo obsesivo en los niños. En lo que a esto respecta, me pongo, de un modo impenitente, del lado de la especie humana frente al reformista moderno. Bienvenidos sean los reyes malvados y las decapitaciones, las batallas y las mazmorras, los gigantes y los dragones, y que los villanos mueran espectacularmente al final del relato. Nada me convencerá de que esto induce en un niño normal ningún miedo más allá del que desea, y necesita, sentir. Porque, por supuesto, el niño quiere que le asusten un poco.

La cuestión de los otros miedos —las fobias— es bien distinta. No creo que haya nadie capaz de controlarlas por medios literarios. Al parecer, venimos al mundo con las fobias puestas. Sin duda, esa imagen concreta en que se materializa el miedo de un niño puede a veces tener su origen en un libro. Ahora bien, ¿es esa imagen el origen o la concreción casual de ese miedo? Si el niño no hubiera visto esa imagen, ¿no tendría el mismo efecto otra distinta e impredecible? Chesterton nos habla de un niño que tenía más miedo al Albert Memorial que a cualquier otra cosa en el mundo y yo conozco a un hombre cuyo gran terror infantil era la edición de la *Enciclopedia Británica* en papel Biblia... por un motivo que les desafío a descubrir. En mi opinión, es posible que, si usted confina a su hijo a esas pulcras historias de la vida infantil en las que jamás ocurre nada alarmante, fracase en su intención de desterrar sus miedos y le niegue, sin embargo, el acceso a todo lo que puede ennoblecerlos o hacerlos soportables. Y es que, en los cuentos de hadas y estrechamente ligados a los personajes terribles, encontramos consuelos y protectores brillantes y memorables; además, los personajes terribles no solo son terribles, sino también sublimes. Sería estupendo que los niños no sintieran miedo, cuando están tumbados en su cama y oyen o creen oír un ruido. Pero, si han de tener miedo, creo que es mejor que piensen en dragones y gigantes que en ladrones. Y san Jorge, o cualquier otro caballero de brillante armadura, me parece mejor consuelo que la idea de la policía.

Voy incluso más allá. Si yo me hubiera librado de todos mis terrores nocturnos al precio de no haber conocido el mundo de las hadas, ¿habría salido ganando con el cambio? No hablo por hablar. Aquellos miedos eran horribles, pero, en mi opinión, ese precio habría sido demasiado alto.

SOBRE LA LECTURA
DE LIBROS ANTIGUOS

CIRCULA POR AHÍ la extraña noción de que, sea el tema que sea, los libros antiguos solamente los deben leer los profesionales, y que los novatos deben contentarse con libros modernos. Por tanto, he descubierto, en calidad de tutor de literatura inglesa, que si el estudiante promedio desea descubrir algo acerca del platonismo, lo último que se le ocurriría hacer es buscar en la biblioteca una traducción de Platón y leer el *Symposium*. Lo que sí haría este estudiante es leer algún libro moderno, aburrido y diez veces más extenso, que trate de todos los «ismos»

Dios en el banquillo

(de «Sobre la lectura de libros antiguos»)

e influencias y que cada doce páginas le cuente lo que Platón en realidad dijo. Su error no es malintencionado, pues surge de una actitud humilde. El estudiante siente algo de temor de encontrarse con aquel gran filósofo cara a cara. Se siente inadecuado y cree que no lo entenderá. Pero ojalá supiera que aquel gran hombre, gracias a su grandeza, es más fácil de entender que los comentaristas modernos. El más sencillo estudiante podrá entender, si no todo, una gran parte de lo que Platón dijo; pero casi nadie puede entender algunos de los libros modernos acerca del platonismo. Ha sido, por tanto, una de mis mayores metas como profesor persuadir a los jóvenes de que el conocimiento de primera mano es no solo más provechoso que el de segunda mano, también es por lo general mucho más fácil y placentero de obtener.

Esta errónea predilección por los libros modernos y temor ante los antiguos en ningún otro lugar es tan galopante como en la teología. Cada vez que encuentres algún pequeño grupo de cristianos, seguramente descubrirás que estudian no a Lucas, a Pablo, a san Agustín, a santo Tomás de Aquino, a

Hooker o a Butler, sino a M. Berdyaev, M. Maritain, al señor Niehbur, a la señorita Sayers o incluso a mí. Todo esto me parece que está al revés. Naturalmente, dado que yo mismo soy escritor, no me gustaría que el lector común no leyese libros modernos. Pero si tuviese que leer o solo libros nuevos o solo antiguos, le aconsejaría que leyese solo los antiguos. Y le daría este consejo precisamente porque es un novato y por tanto posee menos protección que los expertos contra los peligros de llevar una dieta exclusivamente contemporánea. Todo nuevo libro aún permanece a prueba y el novato aún no tiene la capacidad de juzgarlo. Dicho libro tiene que pasar la prueba y medirse contra la gran colección del pensamiento cristiano de siglos y hasta que todas sus conclusiones ocultas (que a menudo pasan desapercibidas para el propio autor) salgan a la luz. A menudo no será posible entenderlo completamente sin el conocimiento de una buena cantidad de otros libros modernos. Si a las once de la mañana logras unirte a una conversación que empezó a las ocho, por lo general no alcanzarás a comprender el tema de fondo de lo que se ha dicho. Los comentarios que para ti parecen comunes y corrientes causarán risas o incomodidad entre los participantes y tú no sabrás la razón; y es lógico, pues la razón estaba en los primeros momentos de la conversación y les

Cada era posee su propio punto de vista. Es especialmente buena para ver ciertas verdades y especialmente responsable de cometer ciertos errores. Por tanto, todos necesitamos de aquellos libros que nos ayuden a corregir los errores típicos de nuestra época. Me refiero a libros antiguos.

dio a los participantes una perspectiva particular. De la misma manera, las oraciones de un libro moderno que parecen bastante comunes quizá se «dirijan a» algún otro libro; de esta manera, quizá se te convenza para aceptar algo que con bastante indignación habrías rechazado si hubieses sabido de su significado verdadero. La única manera de ubicarse en terreno seguro es tener a mano una norma sencilla, un cristianismo básico (como dice Baxter, un «mero cristianismo») que tenga la capacidad de ubicar las controversias del momento en su perspectiva adecuada. Esta norma solamente puede adquirirse en los libros antiguos. Es una buena regla que, luego de leer un libro nuevo, jamás leas otro libro nuevo hasta que hayas podido leer entre ambos un libro antiguo. Si esto se hace una carga demasiado pesada para ti, por lo menos deberías leer un libro antiguo por cada tres libros nuevos.

Cada era posee su propio punto de vista. Es especialmente buena para ver ciertas verdades y especialmente responsable de cometer ciertos errores. Por tanto, todos necesitamos de aquellos libros que nos ayuden a corregir los errores típicos de nuestra época. Me refiero a libros antiguos. Todos los escritores contemporáneos comparten hasta cierto grado el punto de vista contemporáneo, incluso aquellos que, como yo, parecen los más opuestos a dicha perspectiva. Nada me llama más la atención, cuando leo las controversias de siglos pasados, que el hecho de que ambos lados por lo general daban por sentados sin cuestionamiento alguno muchos argumentos que hoy negaríamos rotundamente. Pensaban que tenían posturas extremadamente opuestas, pero en realidad todo el tiempo habían congeniado de manera secreta —*congeniado* entre ellos y *contra* épocas anteriores y posteriores— por causa de una gran cantidad de presuposiciones comunes a todos ellos. Podemos estar seguros de que la típica ceguera del siglo XX —esa que hará que la posteridad se pregunte: «¿Cómo *podían* pensar eso?»— se encuentra donde jamás sospechábamos y gira en torno a aquel despreocupado acuerdo entre Hitler y el presidente Roosevelt o entre el señor H. G. Wells y Karl Barth. Nadie de nosotros puede escapar a esta ceguera; de hecho, si solamente leemos libros modernos, la empeoraremos y disminuiremos nuestras defensas contra ella. En lo que tienen de verdad nos darán verdades que ya conocíamos a medias. En lo que tienen de error empeorarán nuestro error, del que ya estábamos peligrosamente infectados. El único paliativo es mantener la fresca brisa de los siglos pasados soplando por nuestras mentes, y esto solo puede lograrse leyendo libros antiguos. Claro, no quiero decir que haya alguna especie de magia en los siglos pasados. La gente no era más ingeniosa en aquellos siglos de lo que es ahora; cometían tantos errores como nosotros el día de hoy. Pero no eran los *mismos*. No nos harán sentir mejor por los errores que ya hemos estado cometiendo; y respecto a sus propios errores, que son conocidos por todos, no serán ninguna amenaza para nosotros. Se dice que dos cabezas piensan mejor que una, no porque sean infalibles, sino porque es poco probable que ambas cometan la misma clase de error. Por supuesto, los libros del futuro servirán para corregir los del pasado, pero desafortunadamente no están a nuestro alcance.

SOBRE EL PAPEL
DE LO MARAVILLOSO

LAS BUENAS HISTORIAS introducen a menudo lo maravilloso o lo sobrenatural; cuando se habla de la historia o fábula, nada ha sido tan mal entendido como este aspecto. Si no recuerdo mal, y por poner un ejemplo, el doctor Johnson pensaba que a los niños les gustan las historias maravillosas porque son demasiado ignorantes para saber que son imposibles. Pero es que a los niños no siempre les gusta este tipo de historias, ni son siempre niños aquellos a quienes sí les gustan. Además, para disfrutar leyendo cuentos de hadas —y mucho más de gigantes o de

---

De otros mundos

(de «Sobre la historia o fábula»)

dragones— no es necesario creer en ellas. Que se crea o no es, en el mejor de los casos, irrelevante y puede, a veces, ser una desventaja. Los elementos maravillosos de una buena historia nunca son ficciones arbitrarias que se acumulan para dar mayor dramatismo a la narración. La otra noche le comenté a un hombre que se había sentado a mi lado durante la cena que estaba leyendo a los hermanos Grimm en alemán y que, aunque mis conocimientos de ese idioma son muy básicos, no me molestaba en buscar en el diccionario las palabras que desconocía. «A veces, es muy divertido —añadí— adivinar qué le dio la anciana al príncipe, eso mismo que luego él perdió en el bosque». «Y especialmente difícil en un cuento de hadas —replicó el hombre—, donde todo es arbitrario y, por tanto, ese objeto podría ser cualquier cosa». El error es mayúsculo. La lógica de un cuento de hadas es tan estricta como la de una novela realista, aunque de otro tipo.

¿Hay quien opine que Kenneth Grahame hizo una elección arbitraria cuando dio a su personaje principal la forma de un sapo, o que con un venado, una paloma o un león habría conseguido el mismo efecto? La elección se basa en el hecho de que la cara de los sapos de verdad guarda un grotesco parecido con cierto tipo de rostros humanos, con esos rostros apopléjicos adornados por una sonrisa fatua. Esto es, sin duda, un accidente en el sentido de que los rasgos que sugieren el parecido se deben, en realidad, a razones biológicas muy distintas. La ridícula y casi humana expresión del sapo es inalterable: el sapo no puede dejar de sonreír porque su «sonrisa» no es en realidad una sonrisa. Por tanto, al mirar al batracio vemos, aislado y fijo, un aspecto de la vanidad humana en su forma más divertida y perdonable. A partir de esa insinuación, Grahame crea al señor Sapo —una «broma» ultrajohnsoniana— y nosotros nos traemos las riquezas de las Indias; es decir, a partir del señor Sapo contemplamos con más humor, y más ternura, cierto tipo de vanidad muy presente en la vida real.

Pero ¿por qué hay que disfrazar a los personajes de animales? El disfraz es muy leve, tan leve que Grahame hace que el señor Sapo «se limpie el *pelo* de hojas secas con un cepillo», pero es indispensable. Si nos propusiéramos reescribir el libro humanizando a todos los personajes, tendríamos que enfrentarnos al siguiente dilema: ¿deben ser niños o

No hay libro que merezca la pena leer a los diez años que no sea digno de ser leído (y con frecuencia mucho más) a los cincuenta [...]. Las únicas obras de ficción de las que deberíamos librarnos cuando crecemos son aquellas que probablemente hubiera sido mejor no haber leído jamás.

adultos?, y acabaríamos por darnos cuenta de que no pueden ser ni una cosa ni otra. Son como niños porque no tienen responsabilidades ni preocupaciones domésticas y no han de luchar por la existencia. Las comidas aparecen de pronto, ni siquiera hace falta pedir que las hagan. En la cocina del señor Tejón, «los platos del aparador sonreían a las cazuelas de la estantería». ¿Quién limpiaba unos y otras? ¿Dónde habían sido comprados? ¿Cómo llegaron hasta el Bosque Salvaje? El Topo lleva una confortable existencia en su hogar subterráneo, pero ¿de qué *vive*? Si es un rentista, ¿dónde está el banco, cuáles son sus inversiones? Tiene en el patio unas mesas «con unas manchas en forma de anillo dejadas seguramente por las jarras de cerveza». De acuerdo, pero ¿dónde conseguía la cerveza? En este sentido, la vida de todos los personajes es la de unos niños que dan todo por hecho y a quienes todo se proporciona. Pero, en otro sentido, su vida es la vida de los adultos: van a donde quieren, hacen lo que les place y disponen de su tiempo a voluntad.

En este aspecto, *El viento en los sauces* es un ejemplo del escapismo más escandaloso porque describe la felicidad en términos incompatibles —esa libertad que solo podemos tener en la infancia y en la vejez— y disfraza sus contradicciones fingiendo que los personajes no son seres humanos. El primer absurdo contribuye a ocultar el segundo. Podría pensarse que un libro así incapacita para afrontar la dureza de la realidad y nos devuelve a la vida cotidiana incómodos y descontentos, pero yo no opino de ese modo. La felicidad que nos presenta *El viento en los sauces* está en realidad llena de las cosas más sencillas y asequibles:

comida, sueño, ejercicio, amistad, el contacto con la naturaleza e incluso, en cierto sentido, la religión. La «sencilla pero sustanciosa comida» a base de «panceta, judías y pastel de almendras» que Rata ofrece a sus amigos ha contribuido, no lo dudo, a la ingestión de muchas comidas infantiles reales. De igual forma, lo que no deja de resultar paradójico, la historia en su conjunto refuerza nuestro gusto por la vida. Es una excursión a lo absurdo que nos devuelve a lo real con renovado placer.

Es normal hablar con un tono alegre pero de disculpa sobre la diversión que como adultos experimentamos al leer «libros para niños». En mi opinión, la convención es estúpida. No hay libro que merezca la pena leer a los diez años que no sea digno de ser leído (y con frecuencia mucho más) a los cincuenta —excepto, claro está, los libros informativos—. Las únicas obras de ficción de las que deberíamos librarnos cuando crecemos son aquellas que probablemente hubiera sido mejor no haber leído jamás. Es probable que a un paladar maduro no le guste mucho la *crème de menthe*, pero continuará apreciando el pan con miel y mantequilla.

CRECER ENTRE
UN MAR DE LIBROS

I. Libros sin fin

LA CASA NUEVA es casi el personaje más importante de mi historia. Soy producto de pasillos largos, habitaciones vacías y soleadas, silencios en las habitaciones interiores del piso de arriba, áticos explorados en solitario, ruidos distantes del goteo de las cisternas y cañerías y el sonido del viento bajo los tilos. También de libros sin fin. Mi padre compraba todos los libros que leía y nunca se desprendía de

---

Cautivado por la alegría

(de «Los primeros años»)

ellos. Había libros en el despacho, libros en el comedor, libros en el cuarto de baño, libros (en dos filas) en la gran estantería del rellano, libros en un dormitorio, libros apilados en columnas que llegaban a la altura de mi hombro en el recinto del depósito de agua del ático, libros de todo tipo que reflejaban cada etapa pasajera de los intereses de mis padres, libros legibles e ilegibles, libros apropiados para un niño y libros en absoluto aconsejables. Yo no tenía nada prohibido. En las interminables tardes de lluvia tomaba de los estantes volumen tras volumen. Siempre tuve la certeza de encontrar un libro que fuera nuevo para mí, al igual que un hombre que camina por el campo sabe que va a encontrar una nueva brizna de hierba.

II. El día ideal para un joven escolar

[EN BOOKHAM] ESTABLECIMOS una rutina que, desde entonces, me sirvió de arquetipo hasta el punto de que todavía, cuando hablo de un día «normal» (y lamento que los días normales sean tan escasos), me refiero a un día que siga el modelo de Bookham. Porque si yo pudiera darme gusto viviría siempre como viví allí. Elegiría desayunar siempre exactamente a las ocho de la mañana para estar en mi despacho a las nueve leyendo o escribiendo hasta la una. Si me pudieran traer una taza de buen té a eso de las once, tanto mejor. Ir a un paso o así de casa para tomar una pinta de cerveza no sería malo, porque un hombre no quiere beber solo y, si te

Cautivado por la alegría

(de «El gran Knock»)

encuentras a un amigo en la taberna, el descanso se puede prolongar más allá de diez minutos. A la una en punto la comida debería estar en la mesa y hacia las dos como muy tarde me iría a dar un paseo, sin amigos excepto en raras ocasiones. Caminar y charlar son dos grandes placeres, pero es un error combinarlos. Nuestra conversación ahoga los sonidos y silencios del mundo exterior; y hablar lleva casi inevitablemente a fumar y, entonces, despidámonos de la naturaleza, puesto que ninguno de nuestros sentidos le presta atención. El único amigo con el que se puede pasear (tal como me sucedía a mí en vacaciones con Arthur) es aquel con quien compartes totalmente el gusto por cada aspecto del paisaje, con quien una mirada, un alto o como mucho un codazo es suficiente para asegurarnos de que el placer es compartido. La vuelta del paseo y el té deben coincidir y nunca después de las cuatro y cuarto. Hay que tomar el té en soledad, como yo lo tomaba en Bookham en aquellas (felizmente numerosas) ocasiones en que Mrs. Kirkpatrick estaba fuera; Knock, por su parte, menospreciaba esta costumbre. Comer y leer son dos placeres que combinan admirablemente. Por supuesto no todos los libros son apropiados para leer mientras se come. Sería una especie de blasfemia leer poesía en la mesa. Lo que se necesita es un libro chismoso, informal, que se puede abrir por cualquier página. Los que aprendí a utilizar así en Bookham fueron Boswell, una traducción de Herodoto y *History of English Literature* de Lang. *Tristram Shandy, Elia* y *Anatomy of Melancholy* son buenos para este propósito. A las cinco se debería estar trabajando de nuevo hasta las siete. Luego la cena y después llega el momento de la conversación y, si esta falla, de una lectura ligera; y, a menos que salgas de noche con tus amigos (en Bookham no tenía ninguno), no hay razón por la que debas irte a la cama después de las once. Pero ¿cuándo se escriben las cartas? Olvidas que estoy describiendo la vida feliz que llevé con Kirk o la vida ideal que llevaría ahora si pudiera. Es esencial para que un hombre viva feliz que apenas tenga correo y que nunca tema que el cartero llame a su puerta.

III. Entusiasmarse con el cuerpo de los libros

OTRA COSA QUE me enseñó Arthur fue a entusiasmarme con el «cuerpo» de los libros. Siempre lo había respetado. Mi hermano y yo podíamos destrozar una escalera sin el menor escrúpulo, pero haber dejado las marcas de los dedos en un libro o haber doblado las esquinas de las hojas para señalar por dónde íbamos nos hubiera avergonzado enormemente. Arthur no solo los respetaba, estaba enamorado de ellos; en seguida yo también. La composición de la página, el tacto y el olor del papel, los diferentes sonidos que hacen los distintos papeles al volver las hojas, se convirtieron en un placer sensual. Esto me reveló un defecto de Kirk. Cuántas

---

Cautivado por la alegría

(de «La sonrisa de la fortuna»)

veces me había estremecido cuando agarraba uno de mis textos clásicos nuevos con sus manos de jardinero, abría las cubiertas hasta que crujían y dejaba su señal en cada página.

—Sí, recuerdo —decía mi padre—, ese era un defecto del viejo Knock.

—Y muy malo —respondía yo.

—Totalmente imperdonable —afirmaba mi padre.

SOBRE EL PRIMER ENCUENTRO CON UN AUTOR FAVORITO

I. Los cantos de sirena y el viento de la Alegría

DELANTE DE MÍ tenía un glorioso fin de semana para leer. Me acerqué al puesto de libros y elegí uno mal encuadernado de la colección Everyman, *Phantastes, a faerie Romance*, de George McDonald. Luego llegó el tren. Todavía puedo recordar la voz del jefe gritando los nombres de los pueblos, con un acento sajón muy dulce: «Tren para Bookham,

---

Cautivado por la alegría

(de «Jaque mate»)

Effingham, Horstey». Aquella noche empecé a leer mi libro nuevo.

Los caminos arbolados de esa obra, los enemigos fantasmales, las damas buenas y malas, estaban tan cerca del mundo que yo imaginaba habitualmente que me atraían sin que yo percibiese ningún cambio. Es como si me llevasen dormido y pasase la frontera, o como si hubiera muerto en el país antiguo y no pudiera recordar cómo había vuelto a la vida en el nuevo, porque en cierto modo el país nuevo era exactamente igual que el antiguo. Encontré allí todo lo que ya me había entusiasmado en Malory, Spenser, Morris y Yeats. Pero en otro aspecto todo era distinto. Todavía no sabía (y tardé mucho en descubrirlo) el nombre de la nueva cualidad, la sombra brillante, que residía en los viajes de Anodos. Ahora lo sé. Era Beatitud. Por primera vez las canciones de las sirenas sonaron como la voz de mi madre o de mi niñera. Eran cuentos para viudas ancianas; no había por qué enorgullecerse de disfrutar con ellos. Era como si la voz que me había llamado desde el final del mundo ahora estuviese hablando a mi lado. Estaba conmigo en la misma habitación, o en mi propio cuerpo, o detrás de mí. Si una vez me había esquivado con su distancia, ahora me esquivaba con su cercanía, estaba demasiado cercano para que lo pudiese ver, demasiado claro para que lo pudiese entender, a este lado del conocimiento. Parecía que siempre hubiese estado conmigo; si hubiera podido volver la cabeza con la rapidez suficiente lo habría visto. Ahora, por primera vez, sentía que estaba fuera de mi alcance no por algo que yo no pudiera hacer, sino por algo que yo no podía dejar de hacer. Si pudiera abandonarlo, dejarlo ir, deshacerme a mí mismo, estaría allí. Mientras, en esta nueva región, todas las confusiones que habían estado perturbando mi búsqueda de la Alegría quedaban desarmadas. No tenía la tentación de confundir las escenas del cuento con la luz que las iluminaba, o la de suponer que estaban delante como realidades, o incluso la de soñar que si hubieran sido realidades y yo pudiera llegar a los bosques por los que viajaba Anodos, avanzaría un paso más hacia mi deseo. Sin embargo, al mismo tiempo, el viento de la Alegría nunca había soplado a través de una historia siendo menos separable de la historia misma. Donde el

Dios y el *idolon* estaban más cerca de ser uno había menos peligro de confundirlos. Así, cuando llegó el gran momento, no me aparté de los bosques y casas sobre los que estaba leyendo para buscar alguna luz incorpórea que brillase tras ellos, sino que, gradualmente, con una continuidad creciente (como el sol de mediodía que brilla a través de la niebla), fui

Era como si la voz que me había llamado desde el final del mundo ahora estuviese hablando a mi lado.

encontrando que la luz brillaba en esos bosques y casas, y luego en mi propia vida pasada, y en el salón silencioso en el que estaba sentado con mi anciano profesor que dormitaba sobre su adaptación de Tácito. Ahora me daba cuenta de que, aunque el aire de la nueva región hacía que todas mis perversiones eróticas y mágicas de la Alegría pareciesen sórdidos fraudes, no tenía aquel poder desilusionante en cosas tan simples como el pan sobre la mesa o las brasas en el brasero. Esa fue la maravilla. Hasta ahora cada visita de la Alegría había hecho que el mundo normal fuese, momentáneamente, un desierto («el primer contacto con la tierra estuvo cercano a la muerte»). Incluso cuando las nubes o los árboles reales habían sido la materia de la visión, lo habían sido solo porque me recordaban otro mundo; y no me gustaba la vuelta al nuestro. Pero ahora veía que la sombra brillante salía del libro hacia el mundo real y se quedaba en él, transformando todos los objetos comunes y, sin embargo, ella seguía inmutable. O más exactamente, vi que los objetos comunes se fundían con la sombra brillante. *Unde hoc mihi?* En lo más profundo de mis desgracias, en la entonces ignorancia insuperable de mi inteligencia, todo esto se me había dado sin preguntarme, incluso sin mi permiso. Aquella noche mi imaginación fue, en cierto modo, bautizada; el resto de mi cuerpo, naturalmente, tardó más tiempo. No tenía ni idea de dónde me había metido al comprar *Phantastes*.

II. Trapasar una gran frontera

Nunca he ocultado que le veía como a un maestro; de hecho, me imagino que no he escrito ni un solo libro en el que no le haya citado. Pero no me ha parecido que quienes han recibido amablemente mis libros sepan suficientemente, incluso ahora, hasta dónde llega esa afiliación. La honestidad me impulsa a enfatizarla. E incluso si la honestidad no lo hiciera, bien, resulta que soy catedrático, y, por lo tanto, la «investigación de las fuentes» (*Quellenforschung*) es probablemente algo que llevo en la sangre. Debe de hacer más de treinta años que compré —casi sin querer, pues había hojeado el volumen en aquel puesto de libros y lo había rechazado

---

George MacDonald: una antología

(del Prefacio)

una docena de veces con anterioridad— la edición Everyman de *Phantastes*. Unas horas más tarde, supe que había traspasado una gran frontera. Ya me había sumergido hasta el cuello en el Romanticismo; y con toda probabilidad, en cualquier momento me tropezaría con sus formas más oscuras y malignas, deslizándome por la empinada cuesta que lleva del gusto por lo insólito a la excentricidad y de ahí a la perversidad. *Phantastes* no dejaba de ser romántica de un modo completamente consciente; pero había una diferencia. Nada más lejos de mí por aquel entonces que el cristianismo, y por eso no pude entender entonces en qué consistía realmente tal diferencia. Solo sabía que, si este nuevo mundo era extraño, también era hogareño y humilde; que, si se trataba de un sueño, era un sueño en el que uno se sentía por lo menos extrañamente vigilante; que todo el libro estaba envuelto en una suerte de inocencia fresca, mañanera, y también, de un modo bastante inequívoco, que lo rondaba cierto aire de muerte, de *buena* muerte. Lo que logró hacer este libro fue convertirme, incluso bautizar (y ahí fue cuando entró en juego la muerte) mi imaginación. No afectó en nada ni a mi intelecto ni (en aquel tiempo) a mi conciencia. El turno de ello llegaría mucho más tarde, y requeriría de la ayuda de muchos otros libros y personas. Pero cuando el proceso se completó —y con esto quiero decir, naturalmente, «cuando *verdaderamente* empezó»—, me di cuenta de que todavía seguía con MacDonald y que él me había estado acompañando todo el rato, y que ahora estaba preparado para escucharle mucho de lo que no podía haberme dicho en nuestro primer encuentro. Y eso que, en cierto sentido, lo que ahora me estaba diciendo era exactamente lo mismo que me había estado contando desde el principio.

No era cuestión de llegar al meollo tras desechar la cáscara; no se trataba de llegar a una verdad desagradable disimulada tras un precioso velo. Todo era precioso en sí. La calidad de lo que me había encantado en sus imaginativas obras resultó ser la calidad del universo real, la divina, mágica, terrorífica y extática realidad en la que todos vivimos.

POR QUÉ LAS PELÍCULAS
A VECES ARRUINAN
LOS LIBROS

EN CIERTA OCASIÓN me llevaron a ver una versión cinematográfica de *Las minas del rey Salomón*. De sus muchos pecados —de los cuales la introducción de una joven completamente irrelevante, que vestía pantalones cortos y acompañaba a los tres aventureros allí adonde iban no era el menor—, ahora solo nos concierne uno. Como todos recordarán, al final del libro de Haggard los protagonistas esperan la muerte sepultados en una cámara excavada en la roca, donde están rodeados por los reyes

---

De otros mundos
(de «Sobre la historia o fábula»)

momificados del país en que se encuentran. Al parecer, el autor de la versión fílmica encontró esta situación algo sosa, así que la sustituyó por una erupción volcánica subterránea, y aun fue más allá añadiéndole un terremoto. Quizá no debamos culparle a él. Quizá la escena del original no resultaba «cinematográfica» y el hombre, de acuerdo con los cánones de su arte, hizo bien en modificarla. Pero en ese caso habría sido mejor no haber escogido una historia que solo se podía adaptar a la pantalla echándola a perder. Echándola a perder al menos para mí.

Sin duda, si a una historia no le pides otra cosa que emoción y si, cuando aumentas los peligros, aumentas la emoción, dos peligros distintos que acontecen en rápida sucesión (el de morir abrasados y el de ser aplastados por las rocas) son mejores que la única y prolongada amenaza de morir de hambre en una cueva. Pero esa es precisamente la cuestión.

Tiene que haber en tales historias un placer distinto a la mera emoción o yo no sentiría que me están engañando cuando me ofrecen un terremoto en lugar de la escena que escribió Haggard. Lo que pierdo es la «sensación» de la muerte (muy distinta del simple «peligro» de muerte): el frío, el silencio y los muertos antiguos con cetro y corona cuyos rostros rodean a los protagonistas. El lector puede aducir, si le place, que la escena que plantea Rider Haggard es tan «cruda», «vulgar» o «efectista» como la que han escogido en la película para sustituirla, pero no estoy hablando de eso. Lo que importa es que es distinta. La primera desliza un callado hechizo en la imaginación; la segunda excita un rápido aleteo de los nervios. Al leer el capítulo de la obra de Haggard, la curiosidad o el suspense en torno a la huida de los héroes de su trampa mortal no desempeñan más que un papel menor en la experiencia del lector. La trampa la recordaré siempre, mientras que la forma en que escaparon de ella la he olvidado hace tiempo.

Tengo la impresión de que al hablar de esos libros en los que «solo importa la historia» —es decir, de esos libros que se ocupan principalmente del acontecimiento imaginado y no del personaje o de la sociedad—, casi todos dan por sentado que la «emoción» es el único placer que proporcionan o pretenden proporcionar. En este sentido, podría definirse la *emoción* como la alternancia entre la tensión y el apaciguamiento de una ansiedad imaginada. Pero es esto lo que, según mi opinión, no es verdad. En algunos de esos libros, y para algunos lectores, interviene otro factor...

Al hablar de esos libros en los que «solo importa la historia» —es decir, de esos libros que se ocupan principalmente del acontecimiento imaginado y no del personaje o de la sociedad—, casi todos dan por sentado que la «emoción» es el único placer que proporcionan o pretenden proporcionar.

Si en esto que digo soy el único, entonces el presente artículo no tiene mayor interés que el autobiográfico. Pero estoy seguro de que no estoy completamente solo. Escribo pensando en la posibilidad de que otros puedan sentir lo mismo y con la esperanza de ayudarles a entender sus sensaciones.

Recordemos el ejemplo de *Las minas del rey Salomón.* En mi opinión, cuando el productor de la película sustituyó en el clímax un tipo de peligro por otro, echó a perder la historia. Ahora bien, si la emoción fuera lo único que cuenta, el tipo de peligro debería ser irrelevante, solo el grado de peligro importaría. Cuanto mayor el peligro y menores las posibilidades de escape del protagonista, más emocionante sería la historia. Y sin embargo, cuando nos interesa ese «algo más», esto no es así. Peligros distintos tocan cuerdas diferentes de nuestra imaginación. Incluso en la vida real hay peligros de distintas clases que dan lugar a miedos muy distintos. Puede llegar un momento en que el miedo sea tan grande que tales distinciones se desvanezcan, pero esa es otra cuestión. Existe un miedo que es hermano gemelo del estupor, como el que siente un hombre en tiempo de guerra cuando oye por primera vez el fragor de los cañones; hay otro miedo hermano gemelo de la repugnancia, como el que experimenta un hombre al encontrar una serpiente o un escorpión en su dormitorio. Hay miedos tensos y estremecidos (durante una décima de segundo apenas son discernibles de algunas emociones placenteras) como los que un hombre puede sentir sobre un caballo peligroso o en medio de un mar embravecido; y, cómo no, hay miedos densos, planos, paralizantes e inertes, como los que tenemos cuando creemos padecer cáncer o cólera. Hay también miedos que nada tienen que ver con el *peligro*, como el miedo que nos produce un insecto enorme y horrendo pero inocuo, o el miedo a los fantasmas. Todos estos miedos existen, en efecto, incluso en la vida real. En la imaginación, donde el miedo no se transforma en terror ni podemos descargarlo en la acción, la diferencia cualitativa es aún mayor.

No consigo recordar un tiempo en que el miedo no estuviera, siquiera vagamente, presente en mi conciencia. *Jack Matagigantes* no es simplemente la historia de un chico listo que supera todos los peligros. Es, en esencia, la historia de un chico que supera el *miedo a los gigantes*. Es bastante fácil pergeñar una historia en la que, aunque los enemigos sean de un tamaño normal, Jack se encuentre en una situación tan desfavorable como en el cuento, pero sería una historia muy distinta.

Al hablar de esos libros en los que «solo importa la historia» —es decir, de esos libros que se ocupan principalmente del acontecimiento imaginado y no del personaje o de la sociedad—, casi todos dan por sentado que la «emoción» es el único placer que proporcionan o pretenden proporcionar.

CÓMO ASESINAR PALABRAS

EL VERBICIDIO, ESTO es, el asesinato de una palabra, sucede de muchas maneras. La exageración es
una de las maneras más comunes; aquellos que nos
enseñaron a decir *muchísimo* en lugar de «mucho»,
tremendo en lugar de «grande», *sadismo* en lugar
de «crueldad», e *impensable* por «repugnante» son
ejemplos de verbicidios. Otra manera es recurrir a
la verborrea, con ello quiero dar a entender el uso
de una palabra como si fuese una letra de pago que
jamás se cumplirá. Otro ejemplo es el uso de *hecho
significativo* como si fuese un absoluto y carente de
todo intento por decirnos de qué trata aquel hecho

Studies in Worlds

(de la Introducción)

significativo. Lo mismo sucede con *diametralmente* cuando se usa con la sencilla intención de colocar elementos opuestos en superlativo. Los seres humanos a menudo cometen verbicidio porque desean secuestrar una palabra como si fuese la pancarta de

La mayor causa de verbicidios se halla en el hecho de que la mayoría de las personas sufre obviamente más ansiedad por expresar su aprobación o desaprobación de las cosas que por describirlas.

una feria, con el fin de adueñarse de sus «cualidades comerciales». Se comete verbicidio cuando remplazamos *Whig* y *Tory* por *liberal* y *conservador*. Pero la mayor causa de verbicidios se halla en el hecho de que la mayoría de las personas sufre obviamente más ansiedad por expresar su aprobación o desaprobación de las cosas que por describirlas. De ahí la tendencia de las palabras a ser menos descriptivas y más evaluativas; luego se vuelven más evaluativas al mismo tiempo que retienen cierto indicio de aquella bondad o maldad implícita; y terminan siendo puramente evaluativas (inútil sinónimo para expresar la bondad o la maldad...). No sugiero que por medio de un purismo arcaico podamos enmendar cualquiera de los daños que ya se han producido. Sin embargo, quizá no sea del todo inútil que decidamos nosotros mismos no volver a cometer jamás un verbicidio. Si el uso de la crítica moderna parece haber empezado un proceso que quizá termine convirtiendo a *adolescente* y *contemporáneo* en simples sinónimos de *lo malo* y *lo bueno* —y en esto han sucedido cosas extrañas—, debemos desterrarlos de nuestro vocabulario. Me siento tentado a adaptar aquel refrán en dos versos que leemos en algunos parques:

Que nadie diga, y sea para tu vergüenza,
Que aquí había sentido antes de tu presencia.

SALVAR PALABRAS
DEL ABISMO EULOGÍSTICO

LA SEÑORITA [ROSE] Macaulay, en uno de sus deliciosos artículos (fuertes y ligeros como alambre de acero), lamentaba que en los diccionarios siempre aparecen palabras «que ahora solo se usan en el mal sentido» y nunca o casi nunca palabras que «ahora solo se usan en el buen sentido». Desde luego, es cierto que casi todos nuestros términos injuriosos fueron en su origen palabras descriptivas; el término «villano» definía la situación legal de un hombre mucho antes de que pasara a denunciar su catadura moral. Al parecer, la especie humana no se contenta

---

De otros mundos

(de «Sobre la historia o fábula»)

con las palabras meramente desaprobatorias. Más que decir que un hombre es deshonesto o cruel o indigno de confianza, insinuamos que es ilegítimo, o joven, o inferior en la escala social o algún tipo de animal; que es «un esclavo y un palurdo», un *bastardo*, un *plebeyo*, un *bufón*, un *perro*, un *puerco* o (más recientemente) un *niño*.

Pero yo dudo de que la cosa se quede ahí. Son pocas, en efecto, las palabras que alguna vez fueron insultos y ahora se emplean como halago —«demócrata» es la única que me viene a la cabeza—, pero sin duda hay palabras que ya solo tienen un significado *meramente* elogioso, términos que antaño tuvieron un significado definible y que ahora no son más que vagos signos de aprobación. El ejemplo más claro es la palabra «caballero». En el pasado, «caballero» se limitaba (como «villano») a definir una condición social y heráldica. Que Snooks fuera un caballero o no era cuestión casi tan soluble como la de si era abogado o licenciado en Humanidades. La misma pregunta planteada hace cuarenta años (y entonces se planteaba muy a menudo) no admitía solución. El término había adquirido un significado meramente laudatorio y hacía referencia a unas cualidades que variaban de un momento a otro incluso en la mentalidad del mismo hablante. Esta es una de las formas en que mueren las palabras. Un hábil médico de palabras diagnosticaría que la enfermedad es ya mortal en el preciso instante en que el término en cuestión comience a alojar los adjetivos parásitos «verdadero» o «auténtico». Mientras «caballero» tenga un significado claro, bastará con decir «Fulano es un caballero». Cuando empecemos a decir «es un auténtico caballero» o «es un verdadero caballero» o «es un caballero como es debido», podemos estar seguros de que a la palabra no le queda mucho tiempo de vida.

Quiero arriesgarme, por tanto, a ampliar la observación de la señorita Macaulay. La verdad no es tan simple como que muchas palabras originalmente inocentes tienden a adquirir un mal sentido. El vocabulario de la adulación y el insulto aumenta continuamente a expensas del vocabulario de la definición. De igual modo que los caballos viejos van al matadero o los barcos destartalados al desguace, las palabras ajadas pasan a engrosar la larguísima lista de sinónimos de «bueno» o «malo». Y mientras la mayoría de la gente desee más expresar sus gustos y aversiones que describir los hechos, esta continuará siendo una de las verdades universales del lenguaje.

En estos momentos, la enfermedad avanza con mucha rapidez. Las palabras «abstracto» y «concreto» fueron acuñadas a fin de establecer una distinción muy necesaria para el pensamiento, pero solo las personas verdaderamente instruidas continúan comprendiendo esa distinción. En el lenguaje coloquial, «concreto» significa ahora algo parecido a «claramente definido y con posibilidades de llevarse a cabo»; se ha convertido en un término laudatorio. «Abstracto» (en parte por contaminación fonética con «abstruso») significa «vago, impreciso, insustancial»; se ha convertido en un término apropiado para el reproche. En boca de muchos hablantes, «moderno» ha dejado de tener un significado cronológico; se ha «hundido en el buen sentido», de modo que muchas veces significa poco más que «eficiente» o (en algunos contextos) «amable»; dicha por esos mismos hablantes, la expresión «barbaridades medievales» no hace referencia a la Edad

Media o a esas culturas que clasificamos como bárbaras. Significa, simplemente, «crueldades grandes o inicuas». «Convencional» no puede utilizarse ya en su sentido más propio sin añadir una explicación. «Práctico» es un término meramente aprobatorio; y, para ciertas escuelas de crítica literaria, «contemporáneo» es poco más que eso.

Salvar una palabra del abismo laudatorio o desaprobatorio es tarea digna del esfuerzo de todos aquellos que amamos la lengua inglesa. Se me ocurre un término, «cristiano», que en estos momentos se encuentra al borde de ese abismo. Cuando los políticos hablan del «modelo moral *cristiano*» [*Christian moral standards*], no siempre están pensando en algo que pueda distinguir a la moralidad cristiana de la moralidad confucionista, estoica o benthamita. Con frecuencia, uno tiene la sensación de que no se trata más que de una variante literaria de los «epítetos embellecedores» que, en nuestra jerga política, la expresión «modelo moral» parece requerir; «civilizado» (otra palabra arruinada) o «moderno» o «democrático» o «ilustrado» también podrían servir. Pero sería muy molesto que la palabra «cristiano» se convirtiera, simplemente, en sinónimo de «bueno». Porque alguien, alguna vez —aunque solo fueran los historiadores—, tendría que utilizar esa palabra en su sentido más propio, ¿y entonces qué haría? Este es siempre el problema de dejar que las palabras se precipiten hacia el abismo. En cuanto «cochino» [*swine*] se convirtió en un insulto, hizo falta un nuevo término («cerdo» [*pig*]) para referirse al animal. Hace tiempo dejamos que «sadismo» menguara hasta convertirse en un sinónimo inútil de «crueldad», ¿y ahora qué hacemos cuando queremos referirnos a esa muy especial perversión que padecía el marqués de Sade?

Es importante advertir que el peligro que corre la palabra «cristiano» no proviene de sus enemigos declarados, sino de sus amigos. No fueron los igualitarios, sino los admiradores oficiosos de la elegancia y las buenas maneras los que mataron la palabra «caballero». El otro día se me ocurrió decir que ciertas personas no eran cristianas y un crítico me espetó que cómo me atrevía a afirmar tal cosa cuando soy incapaz (por supuesto que lo soy) de leer sus corazones. Yo había empleado la palabra con la intención de referirme a esas «personas que profesan la fe en las doctrinas específicas del

Los hombres no continúan pensando por mucho tiempo en aquello que ya no saben cómo decir.

cristianismo»; mi crítico quería que la emplease en lo que él calificaría (con gran precisión) de «sentido mucho más profundo», tan profundo que ningún observador humano podría decir a quién se aplica.

¿Y no es ese sentido más profundo también más importante? Lo es, sin duda, igual que era más importante ser un *auténtico* caballero que llevar cota de malla. Pero el sentido más importante de una palabra no siempre es el más útil. ¿Dónde está la ventaja de ahondar en una de las connotaciones de una palabra si la privamos de todas sus denotaciones factibles? A las palabras, como a las mujeres, se las puede «abrumar (o matar) por un exceso de atenciones». Y cuando, por mucha reverencia con que lo hagamos, hemos matado una palabra, también hemos, hasta donde nos ha sido posible, emborronado en nuestro intelecto eso que la palabra designaba en su origen. Los hombres no continúan pensando por mucho tiempo en aquello que ya no saben cómo decir.

LOS LOGROS
DE J. R. R. TOLKIEN

I. *Reseña de* El hobbit

Los editores declaran que *El hobbit,* aunque muy distinta a *Alicia,* se parece a esta en que es la obra lúdica de un catedrático. Una verdad más importante es que ambas obras pertenecen a un género muy pequeño de libros que nada tienen en común salvo el hecho de que nos introducen en un mundo propio, un mundo que, según parece, existía ya mucho antes de que nosotros entrásemos en él con un traspié,

---

Sobre cuentos, historias y literatura fantástica

(De «*El hobbit*»)

pero que para el lector apropiado se convierte en algo indispensable en cuanto lo encuentra. *El hobbit* pertenece a ese grupo de obras que podrían integrar *Alicia, Planilandia, Phantastes* y *El viento en los sauces.*

Naturalmente, definir el mundo de *El hobbit* es imposible porque es nuevo. No se puede imaginar antes de visitarlo y no se puede olvidar una vez que se conoce...

Es preciso leerlo para darse cuenta de hasta qué punto es inevitable ese cambio y cómo mantiene el paso con el viaje del protagonista. Aunque todo es maravilloso, nada es arbitrario: al parecer, todos los

Predecir es arriesgado, pero, en mi opinión, es posible que El hobbit *se convierta en un clásico.*

habitantes de las Tierras Ásperas tienen el mismo derecho incuestionable a la existencia que tenemos los de nuestro propio mundo, aunque el afortunado niño que se tope con ellos no sepa —y sus desmemoriados mayores, menos aún— que manan de las profundas fuentes de nuestra sangre y tradición.

Porque hay que comprender que *El hobbit* es un libro infantil solo en el sentido de que la primera de las muchas lecturas que merece puede llevarse a cabo en el cuarto de los niños. Los niños leen *Alicia* con gesto serio, los adultos, con risas; *El hobbit*, por el contrario, les resultará más divertido a sus lectores más jóvenes y, solo años después, en una décima o vigésima lectura, comenzarán a percatarse de qué copiosa erudición y profundas reflexiones consiguen que todo sea tan maduro, tan familiar y, a su manera, tan cierto. Predecir es arriesgado, pero, en mi opinión, es posible que *El hobbit* se convierta en un clásico.

II. *Reseña de* El señor de los anillos

ESTE LIBRO[1] ES como un relámpago en un cielo despejado; tan rotundamente distinto, tan impredecible en nuestra época como *Cantos de inocencia* en la suya. Decir que con él la novela heroica, espléndida, elocuente y manifiesta, ha retornado de pronto en

---

Sobre cuentos, historias y literatura fantástica

(De «*El señor de los anillos* de Tolkien»)

---

1. *The Fellowship of the Ring* (1954), primer volumen de la trilogía *El señor de los anillos*. Los otros dos volúmenes, *The Two Towers* y *The Return of the King*, fueron publicados en 1955. Tolkien revisó la obra para la edición en tapa dura de 1966. [Hay edición española: *La comunidad del anillo*, traducción de Luis Doménech, Barcelona, Minotauro, 1978; *Las dos torres*, traducción de Matilde Horne y Luis Doménech (1979); y *El retorno del rey*, traducción de Matilde Horne y Luis Doménech (1980)].

medio de un periodo casi patológico por su antirro-
manticismo sería inadecuado. Para quienes vivimos
en estos tiempos extraños, este retorno —y el puro
alivio que con él llega— es sin duda lo importante.
Pero en la propia historia de la novela heroica y de
aventuras, una historia que se remonta a la *Odisea*
y más allá, no supone un retorno, sino un avance o
una revolución, la conquista de un territorio nuevo.

Nunca se había hecho algo así. «Una se lo toma
—afirma Naomi Mitchison— tan en serio como
a Malory».[2] Pero la ineluctable sensación de realidad que experimentamos en *La muerte de Arturo*
se debe sobre todo a que aprovecha el gran poso
que, siglo a siglo, ha ido dejando la obra de otros
hombres. El hallazgo completamente inédito del
profesor Tolkien está en conseguir una sensación
de realidad comparable a la que consigue Malory,
pero sin ayuda. Es probable que no haya libro en
el mundo que suponga un ejemplo tan rotundo de
lo que su propio autor ha llamado, en otro escrito,

---

2. «One Ring to Bind Them», *New Statesman and Nation*
(18 septiembre 1954).

«subcreación».[3] La deuda directa (por supuesto, hay otras deudas más sutiles) que todo autor debe al universo real está aquí deliberadamente reducida al mínimo. No contento con crear su propia historia, el profesor Tolkien crea, con prodigalidad casi insolente, el mundo en que se desarrolla, con su propia teología y sus mitos, geografía, historia, paleografía, lenguas y diversas especies, un mundo «lleno de incontables criaturas extrañas».[4] Los nombres son ya un festín, tanto si tienen resonancias rústicas (Cavada Grande, Cuaderna el Sur) como si son altivos y propios de la realeza (Boromir, Faramir, Elendil), aborrecibles, como Sméagol, que también se llama Gollum, o ceñudos y llenos de fuerza maligna, como Barad-dûr o Gorgoroth; pero son todavía mejores (Lothlórien, Gilthoniel, Galadriel) cuando consiguen encarnar esa penetrante belleza élfica de la cual ningún otro prosista ha conseguido captar tanto.

---

3. «On Fairy-Stories», en *Essays Presented to Charles Williams* (1947).
4. «Prólogo», *La comunidad del anillo*.

Un libro así tiene, cómo no, sus lectores predestinados, que son más numerosos y críticos, incluso en esta época, de lo que se piensa. Para ellos este crítico necesita decir poco, excepto que hay en esta obra bellezas que penetran como espadas o queman como el hierro frío; este es un libro que les romperá el corazón. Y sabrán que esta es una buena noticia, buena sin paliativos. Para que su felicidad sea completa solo necesito añadir que promete ser gloriosamente largo, y es que el ahora publicado es tan solo el primero de tres volúmenes. Pero es una obra demasiado grande para reinar únicamente sobre sus súbditos naturales. Algo hay que decirles a los que «están fuera», a los infieles. Cuando menos, hay que desterrar todo posible malentendido.

En primer lugar, debemos entender, con toda claridad, que aunque *La comunidad del anillo* es la continuación de *El hobbit*, el cuento de hadas de Tolkien, no es, en modo alguno, un libro para niños que han crecido desmesuradamente. En realidad, sucede al contrario. *El hobbit* no es más que un fragmento adaptado para niños, arrancado del enorme mito de Tolkien (y en esa adaptación, de forma inevitable, ha perdido algo). *La comunidad* nos ofrece, por fin, los rasgos de ese mito «en su verdadera y auténtica dimensión». En este sentido, el primer capítulo puede inducir a error fácilmente. En él, el autor (asumiendo cierto riesgo) escribe casi a la manera de su libro anterior, mucho más ligero. Para quienes el cuerpo principal del libro resulta profundamente conmovedor, este capítulo no estará en su lista de favoritos.

Y, sin embargo, hay buenos motivos para un comienzo así y todavía más para el Prólogo, admirable en toda su extensión, que lo precede. Es imprescindible que primero nos empapemos bien de la *hogareñidad*, de la frivolidad, incluso de la vulgaridad (en el mejor sentido de la palabra) de esa grey apacible, casi anárquica y sin ambiciones que componen los hobbits, esas criaturas de rostro «más bondadoso que bello» y «boca apta para la risa y el buen comer»,[5] para quienes fumar es un arte y a quienes gustan sobre todo los libros que les cuentan lo que ya saben. Los hobbits no son una alegoría de los ingleses, pero son, quizás, un mito que solo un inglés

---

5. «Prólogo», *La comunidad del anillo*.

(¿o acaso también un holandés?) podría haber creado. El tema central del libro es el contraste entre los hobbits (o «la Comarca») y el terrible destino al que algunos de ellos están llamados, el aterrador descubrimiento de que la rutinaria felicidad de la Comarca, que los mismos hobbits consideran algo normal, es, en realidad, una especie de accidente temporal y local, la constatación de que su existencia depende de la protección de unas potencias que no se atreven a imaginar, de que cualquier hobbit podría verse forzado a abandonar sus tierras y verse atrapado en el gran conflicto que se desarrolla más allá de la Comarca. Más extraño aún es que el desenlace de ese conflicto entre seres más poderosos pueda depender de aquel que es casi el más débil de todos ellos.

Lo que demuestra que estamos ante un mito y no ante una alegoría es que no hay indicadores que permitan al lector una aplicación específicamente teológica, política o psicológica del libro. Un mito orienta a cada lector hacia el reino que más habita. Es una llave maestra que puede usarse en cualquier puerta. Pero en *La comunidad del anillo* hay otros temas igualmente serios.

Por eso no han surgido los frecuentes tópicos que aluden al «escapismo» o a la «nostalgia», ni el típico recelo con respecto a los «universos íntimos». No estamos en Angria, tampoco soñamos; es una invención sana y despierta, que paso a paso revela la coherencia de la imaginación del autor. ¿Qué sentido tiene llamar «íntimo» a un mundo por el que todos podemos transitar, que todos podemos examinar y en el que hay tanto equilibrio? En cuanto al escapismo, de lo que sobre todo escapamos es de las ensoñaciones de nuestra vida corriente. Ciertamente, no escapamos de la angustia. A mi parecer, y pese a la cantidad de acogedoras chimeneas y a los muchos momentos de alegría que gratifican al hobbit que hay dentro de cada uno de nosotros, la angustia es, casi, la nota dominante. Pero no, como sucede en la literatura más típica en estos tiempos, la angustia de las almas anormales o torturadas, sino la angustia de aquellos que fueron felices antes de que sobreviniera cierta tiniebla y serán felices si viven para verla desaparecer.

Hay nostalgia, desde luego. No la nuestra ni la del autor, sino la de los personajes. Una nostalgia estrechamente ligada con uno de los grandes hallazgos del profesor Tolkien. Cabría pensar que una amplia extensión temporal era lo que menos probabilidades teníamos de encontrar en un mundo inventado. Y con los mundos del *Furioso* y de *Las aguas de las islas encantadas*, de William Morris, uno tiene, en efecto, la incómoda sensación de que no estaban ahí antes de que se alzara el telón. En cambio, en el universo de Tolkien casi no hay lugar entre Esgaroth y Forlindon y entre Ered Mirhtin y Khand en que se puedan apoyar los pies sin remover el polvo de la historia. Salvo en momentos muy raros, ni siquiera nuestro propio mundo parece tan consciente de su pasado. Es este uno de los elementos que conforman la angustia que soportan los personajes, angustia que conlleva también una extraña exaltación, porque el recuerdo de las civilizaciones desaparecidas, del perdido esplendor, les aflige y les sostiene al mismo tiempo. Han sobrevivido a la Segunda y a la Tercera Edades; el vino de la vida fue escanciado hace ya mucho tiempo. A medida que leemos, vamos compartiendo su carga y, cuando concluimos, no regresamos a nuestra vida relajados, sino fortalecidos.

Pero en este libro hay todavía más. De vez en cuando, de fuentes sobre las que solo podemos conjeturar y que casi resultan extrañas (o eso pensaríamos) a la imaginación habitual del autor, surgen personajes tan rebosantes de vida (no humana) que, frente a ellos, se diría que nuestra suerte de angustia y nuestra especie de exaltación carecen de importancia. Hablo de Tom Bombadil, de los inolvidables Ents. Que un autor cree algo que ni siquiera parece suyo es sin duda la mayor cumbre de la invención. Después de todo, la *mythopoeia* no es la más sino la menos subjetiva de las actividades.

Incluso ahora lo omito casi todo: la nemorosa frondosidad, las pasiones, las altas virtudes, los remotos horizontes. Ni aunque tuviera espacio podría transmitirlo todo. Y, al fin y al cabo, el atractivo más evidente de esta obra es quizás el más profundo: «también entonces hubo pesar y una amenazadora tiniebla, pero además gran valor y grandes gestas que no fueron completamente en vano».[6] *No completamente en vano...* es el frío punto medio entre la ilusión y la desilusión.

Cuando escribí la reseña del primer volumen de esta obra casi no me atrevía a esperar que tendría el éxito que desde mi punto de vista merecía. Por fortuna, el tiempo ha demostrado que me equivocaba. Hay, sin embargo, una crítica falaz a la que es mejor responder: la queja de que los personajes están dibujados en blanco y negro. Puesto que el clímax del primer volumen consistía principalmente en la lucha entre el bien y el mal en la mente de Boromir, no es fácil comprender los motivos de esa queja. Aventuraré una respuesta. «¿Cómo puede un hombre juzgar lo que se debe hacer en una época como esta?», pregunta un personaje en el segundo volumen. «Como ha hecho siempre —le responden—. El bien y el mal no han cambiado [...] no son una cosa para elfos y enanos y otra distinta para los hombres».[7]

Esta es la base de todo el universo de Tolkien. Creo que algunos lectores, viendo (sin que les guste)

---

6. *La comunidad del anillo*, libro I, cap. 2.
7. *Las dos torres*, libro III, cap. 2.

este marcado contraste entre lo blanco y lo negro, imaginan que lo que han visto es una rígida demarcación entre hombres blancos y negros. Fijándose en los escaques, dan por supuesto (en contra de los hechos) que todas las piezas se mueven como el alfil, confinadas a un solo color. Pero ni siquiera esos lectores pueden negar lo que tan evidente resulta en los dos últimos volúmenes de la trilogía. Los motivos, incluso en aquellos que pertenecen al bando correcto, están mezclados. Los que ahora son traidores con frecuencia comenzaron con intenciones comparativamente inocentes. El heroico Rohan y el imperial Gondor están algo enfermos. Incluso el desdichado Sméagol tiene impulsos bondadosos hasta bien avanzada la historia y, en trágica paradoja, lo que finalmente le empuja al otro lado es el discurso no premeditado del menos egoísta de todos los personajes del libro...

Si nos pusiéramos a escoger grandes momentos (como el amanecer en el Sitio de Gondor), no acabaríamos nunca. Pero quiero mencionar dos de las excelencias de toda la trilogía, ambas completamente distintas. Una de ellas es, sorprendentemente, su realismo. La guerra de *El señor de los anillos* tiene los mismos matices que la guerra que conoció mi generación. Está todo: el movimiento interminable e ininteligible, la siniestra tranquilidad del frente cuando «todo está preparado», los refugiados, las vívidas y animadas amistades, el telón de fondo de algo parecido a la desesperación frente a la alegría del proscenio, y esas ayudas que el cielo envía a última hora como si *salvara* de la ruina un alijo de tabaco selecto. En otra parte, el autor nos ha dicho que su aprecio por los cuentos de hadas ha entrado en su madurez por medio del servicio activo;[8] sin duda por ello de sus escenas de guerra podemos decir (citando a Gimli, el enano): «Aquí hay buena roca. Este país tiene recios huesos».[9] La otra excelencia que quiero mencionar es que no hay personaje, ni especie, que aparezca únicamente por necesidades de argumento. Todos existen por propio derecho y habría merecido la pena crearlos tan solo por su sabor, aunque hubieran sido irrelevantes. Bárbol habría servido a cualquier otro autor (si es que algún

8. «Sobre los cuentos de hadas».
9. *Las dos torres*, libro III, cap. 2.

otro hubiera podido concebirlo) para un libro entero. Sus ojos se llenan «de eras de recuerdos y largas, lentas y constantes reflexiones».[10] A lo largo de las épocas su nombre ha crecido con él, de modo que no puede decirlo, y es que, a la altura de la vida en que se encuentra, le llevaría demasiado tiempo pronunciarlo. Cuando sabe que aquello sobre lo que se yerguen es una «colina», se queja de que esta sea «una palabra muy precipitada»[11] para algo que soporta tanta historia.

Hasta qué punto hay que considerar que Bárbol es un «autorretrato del autor» es algo dudoso, pero cuando este oye que algunos quieren identificar el Anillo con la bomba de hidrógeno y a Mordor con Rusia, supongo que le darán ganas de acusarles de hablar con *precipitación*. ¿Cuánto tiempo cree la gente que tarda en formarse un mundo como el suyo? ¿Acaso piensan que se puede forjar con tanta rapidez como una nación cambia de Enemigo Público Número Uno o como los científicos modernos inventan nuevas armas? Es muy posible que

---

10. *Las dos torres*, libro III, cap. 4.
11. Ibíd.

cuando el profesor Tolkien comenzó a construir su mundo, la fisión nuclear no se hubiera inventado y la encarnación contemporánea de Mordor estuviera mucho más cerca de nuestras playas. Pero el propio texto nos enseña que Sauron es eterno, que la guerra del Anillo es solo una de las miles que habremos de librar contra él. En cada una de ellas haremos bien en temer su victoria definitiva, tras la cual «no habrá más cantos». Una y otra vez tendremos pruebas de que «el viento sopla hacia el este y tal vez esté cerca el fin de todos los bosques».[12] Cada vez que venzamos, sabremos que nuestra victoria es duradera. Si insistimos en preguntar por la moraleja del relato, esa es su moraleja: una llamada de atención frente a un optimismo simplón y un pesimismo lleno de lamentos, un recordatorio de la dura pero no desesperada conciencia de los inalterables peligros y dificultades que ha de atravesar el hombre, de esa conciencia con la cual han vivido todas las edades heroicas. Es aquí donde la afinidad con los mitos nórdicos es más fuerte; el martillo golpea, pero con compasión.

12. *Las dos torres*, libro III, cap. 4.

«Pero, ¿por qué? —preguntan algunos— ¿por qué si tienes algún comentario que hacer a la vida real de los hombres has de hacerlo hablando de tu propia y fantasmagórica tierra de nunca jamás?». Porque, respondo, una de las cosas más importantes que quiere decir el autor es que la vida real de los hombres tiene una cualidad mítica y heroica, un principio que puede observarse en su propia creación de personajes. Lo que en una novela realista se haría a través del «dibujo de los personajes», se consigue aquí con sencillez haciendo que el personaje en cuestión sea hobbit, elfo o enano. Los seres imaginados tienen su interior en el exterior: son almas visibles. Y en cuanto al hombre como un todo, al hombre enfrentado al universo, ¿lo hemos visto en alguna parte hasta que lo vemos como el héroe de un cuento de hadas? Cuando en el texto de Tolkien, Éomer se apresura a comparar a «la tierra verde» con las «leyendas», Aragorn le replica que la misma tierra verde es «un poderoso material de leyenda».[13]

El mito tiene valor porque toma todas las cosas que conocemos y les devuelve el rico significado

---

13. *Las dos torres*, libro III, cap. 2

que «el velo de la familiaridad» ocultaba. Al niño le gusta la carne fría (que no comería de ningún otro modo) cuando finge que es de un búfalo que ha matado con su propio arco y flechas. El niño es sabio. La carne real le parece más sabrosa cuando la sazona con una historia, pero podría decirse que solo entonces es verdadera carne. Si el paisaje de la realidad te cansa, mírala a través del espejo. Cuando ponemos pan, oro, caballos, manzanas o a los propios caminos dentro de un mito, no escapamos de la realidad, la redescubrimos. Mientras la historia perdure en nosotros, los seres reales serán más ellos mismos. Este libro aplica ese tratamiento no solo a una manzana o al pan, sino también al bien y al mal, a nuestros eternos peligros, a nuestra angustia y a nuestros gozos. Sazonándolos con el mito, los vemos con mayor claridad, cosa que no creo que el autor pudiera haber conseguido de ninguna otra manera.

El señor de los anillos es demasiado original y demasiado rica, y no se puede pronunciar ningún juicio definitivo tras una primera lectura, pero lo que tras esa primera lectura sí sabemos es que nos ha transformado. Ya no somos los mismos. Y, aunque debemos racionar nuestras relecturas, no tengo la menor duda de que esta obra ocupará muy pronto su lugar entre las indispensables.

Estimado Tollers:

He estado tratando —como haría un niño con un caramelo pequeño— de abordar con toda calma el primer volumen, para que durase, pero las ganas me vencieron y ya lo terminé: demasiado breve para mí. No se rompe el hechizo. El amor de Gimli y la partida de Lothlórien siguen resultando casi insoportables. Lo que más me impactó en esta lectura con respecto a las anteriores fue la llegada gradual de la sombra —paso a paso— sobre Boromir.

—Carta a J. R. R. Tolkien, 7 de diciembre de 1953

SOBRE EL PELIGRO
DE CONFUNDIR LA SAGA
CON LA HISTORIA

LA VERDADERA HISTORIA de todos los países está
llena de sucesos despreciables y hasta vergonzosos;
las acciones heroicas, si se toman como algo típico,
dan una impresión falsa de lo que es, y frecuente-
mente quedan a merced de una dura crítica histórica; de ahí que un patriotismo basado en nuestro
glorioso pasado tiene en quienes lo ridiculizan una
presa fácil. A medida que los conocimientos au-
mentan, ese patriotismo puede quebrarse y trans-
formarse en un cinismo desilusionado, o puede

Los cuatro amores

(del Capítulo II, «Gustos y amores por lo sub-humano»)

ser mantenido con un voluntario cerrar los ojos a la realidad. ¿Pero quién podrá condenar algo capaz de hacer que mucha gente, en muchos momentos importantes, se comporte mejor de lo que hubiera podido hacerlo sin esa ayuda?

Pienso que es posible sentirse fortalecido con la imagen del pasado sin necesidad de quedar decepcionado y sin envanecerse. Esa imagen se hace peligrosa en la misma medida en que está equivocada, o sustituye a un estudio histórico serio y sistemático. La historia es mejor cuando es transmitida y admitida como historia. No quiero decir con eso que debería ser transmitida como mera ficción; después de todo, algunas veces es verdadera. Pero el énfasis debería ponerse en la anécdota como tal, en el cuadro que enciende la imaginación, en el ejemplo que fortalece la voluntad. El alumno que oye esas historias debería poder advertir, aunque fuera vagamente —y aunque no pueda expresarlo con palabras—, que lo que está oyendo es una «leyenda». Hay que dejarlo que vibre, y ojalá que también «fuera de la escuela», con los «hechos que forjaron el Imperio»; pero mientras menos mezclemos esto con las «lecciones de historia», y cuanto menos lo tomemos como un análisis serio del pasado, o peor aún, como una justificación de él, mejor será. Cuando yo era niño tenía un libro lleno de coloridas ilustraciones titulado *Historias de nuestra Isla*; siempre me ha parecido que ese título da exactamente la nota adecuada, y el libro además no tenía en absoluto el aspecto de

Lo que a mí me parece venenoso, lo que da lugar a un tipo de patriotismo pernicioso si se perdura en él —aunque no puede durar mucho en un adulto instruido—, es el serio adoctrinamiento a los jóvenes de una historia que se sabe perfectamente falsa o parcial: la leyenda heroica disfrazada como un hecho real en un libro de texto.

un libro de texto. Lo que a mí me parece venenoso, lo que da lugar a un tipo de patriotismo pernicioso si se perdura en él —aunque no puede durar mucho en un adulto instruido—, es el serio adoctrinamiento a los jóvenes de una historia que se sabe perfectamente falsa o parcial: la leyenda heroica disfrazada como un hecho real en un libro de texto. Con eso se cuela implícitamente la idea de que las otras naciones no tienen como nosotros sus héroes, e incluso se llega a creer —son sin duda unos conocimientos biológicos muy deficientes— que hemos «heredado» literalmente una tradición. Y todo esto conduce, casi inevitablemente, a una tercera cosa que a veces se llama patriotismo.

Esta tercera cosa no es un sentimiento, sino una creencia: una firme y hasta vulgar creencia de que nuestra nación —es una cuestión de hecho— ha sido durante mucho tiempo, y sigue siéndolo, manifiestamente superior a todas las demás naciones. Una vez me atreví a decirle a un anciano clérigo, que vivía este tipo de patriotismo: «Pero, oiga, a mí me han dicho que "todos" los pueblos creen que sus hombres son los más valientes y sus mujeres las más hermosas del mundo...». A lo que replicó con toda seriedad —no podía estar tan serio ni cuando oraba el Credo ante el altar—: «Sí, pero en Inglaterra eso es verdad». Hay que decir que esta convicción no convertía a mi amigo, que en paz descanse, en un malvado; solo en un viejo burro extremadamente simpático; pero esta convicción puede producir no obstante burros que dan coces y muerden. Puede llegar al demencial extremo de convertirse en racismo popular, prohibido tanto por el cristianismo como por la ciencia.

RESPECTO A DOS
MANERAS DE VIAJAR
Y DOS MANERAS DE LEER

HAY DOS MANERAS de disfrutar el pasado, así como también hay dos maneras de aprovechar la visita a un país extranjero. Un hombre lleva su *anglosajonidad* al extranjero y luego retorna a casa sin cambio alguno. Dondequiera que vaya, se junta con otros turistas ingleses. Cuando se hospeda en un buen hotel, lo que quiere decir es que este es como un hotel inglés. Se queja del pésimo té donde quizá haya disfrutado de un excelente café…

Pero hay otra clase de viajes y de lecturas. Uno tiene la oportunidad de disfrutar la comida del

Studies in Medieval and Renaissance Literature
(de «De Audiendis Poetis»)

lugar y beber los vinos del país, compartir la vida de aquel lugar extranjero y empezar a verlo tal como es, no para los turistas, sino para la población local. Entonces podrás retornar a casa como una persona

Me parece que desperdiciamos el pasado si nos contentamos con ver en la literatura de eras pasadas tan solo un reflejo de nuestros propios rostros.

cambiada, con una forma de pensar y sentir nueva, distinta a la de antes. Lo mismo sucede con la literatura antigua. Puedes superar las primeras impresiones que un poema causa a tu sensibilidad moderna. Al estudiar los asuntos en torno al poema, comparándolo con otros, familiarizándote con aquel antiguo periodo, podrás reingresar al poema y apreciarlo tal como hicieron los lectores originales; ahora que quizá hayas visto que el significado que le diste a antiguas palabras era un error, que las conclusiones eran distintas a las que supusiste, que lo que te era extraño era en aquella época algo común y que lo que te era común era en aquel entonces algo extraño...

Estoy dispuesto a ayudarte, si me permites, en lo concerniente a la segunda clase de lectura. Claro que, en parte, porque mis intenciones son históricas. Soy ser humano y amante de la poesía: dado que soy humano, me encanta investigar, deseo saber y disfrutar las cosas. Pero, incluso si disfrutar las cosas fuese mi única meta, aún escogería este camino, porque anhelo disfrutar de nuevas cosas, aquellas que jamás hubiese podido encontrar en mi propia época, distintas maneras de sentir, sabores, un viaje al verdadero pasado. He vivido casi sesenta años conmigo mismo y con mi propio siglo y no me siento tan a gusto con ninguno de ellos como para rechazar cualquier deseo de atisbar un mundo más allá de estos. Así como las vacaciones del simple turista que viaja al extranjero, que me parece que desperdicia su tiempo en Europa —estoy seguro de que se puede sacar más provecho de lo que este turista logra—, así mismo me parece que desperdiciamos el pasado si nos contentamos con ver en la literatura de eras pasadas tan solo un reflejo de nuestros propios rostros.

breves lecturas sobre la lectura

CONJUNTO DE PALABRAS

Es CURIOSO QUE cierta combinación de palabras —cuyo significado es distinto al acostumbrado— nos puede producir emociones como lo hace la música. Estoy seguro de que ello se debe a que uno puede sentir la magia de las palabras, aquellas palabras que no pierdo la esperanza de enseñarte a apreciar como poesía; o más bien que logres apreciar toda buena poesía como ya lo has hecho con una parte de ella.

Carta a Arthur Greeves,
21 de marzo de 1916

SINCERIDAD Y TALENTO

DEBEMOS EVITAR DECIR que Bunyan escribía bien porque fue un hombre sincero y directo, que no poseía espontaneidad literaria y que sencillamente decía lo que quería decir. No dudo que el propio Bunyan hubiera podido explicar este asunto respecto a sí mismo de la misma manera. Pero esta explicación no nos sirve de nada. Si así fuese, entonces todo hombre sincero, directo y espontáneo sería capaz de escribir bien. Pero la mayoría de la gente de mi generación aprendió dedicándose a censurar las cartas de las tropas, cuando fuimos subalternos del ejército durante la Primera Guerra Mundial. Aquellas tropas incultas, si bien sinceras y directas en su manera de hablar, tan pronto como empezaban a escribir, emanaban de ellos muletillas y clichés. La cruda realidad es que, si bien la falta de sinceridad puede ser fatal para la buena escritura, la sinceridad por sí misma jamás ha podido enseñarle a nadie a escribir bien. Se trata de una virtud moral, no de un talento literario. Quizá anhelemos que sea recompensado en un mundo mejor: pero no será recompensado en el Parnaso.[1]

Selected Literary Essays

(de «The Vision of John Bunyan»)

---

1. Es probable que C.S. Lewis se refiera a la comedia satírica *Parnassus* de la Universidad de Cambridge [N. del T.]

EL ESTILO DE LA PROSA

EN TU CARTA me has escrito respecto a la prosa literaria y me has preguntado si en su definición hay algo más que «el significado literal de las palabras». Pues es todo lo contrario. Significa algo menos: quiere decir las palabras mismas. Porque todo pensamiento puede expresarse en un sinnúmero de maneras: el estilo es el arte que expresa un determinado pensamiento usando las palabras y los ritmos más hermosos. Por ejemplo, alguien pudiera decir: «Cuando aquellas constelaciones que aparecen al alba se unen en una armonía musical con los espíritus angelicales, testifican su satisfacción a gran voz». Este mismo pensamiento lo expresa la Biblia:[2] «[¿Dónde estabas cuando yo fundaba la tierra?]... Cuando las estrellas todas del alba alababan, y se

---

2. Job 38:4-7, Reina-Valera Antigua.

regocijaban todos los hijos de Dios?». Por tanto, gracias al poder del estilo, lo que no tiene sentido se convierte en belleza inefable.

Carta a Arthur Greeves,
4 de agosto de 1917

NO *EN*, SINO *A TRAVÉS DE*

Los libros o la música en donde nosotros pensamos que se localizaba la belleza nos traicionarían si confiáramos en ellos; no estaba *en* ellos, solo nos llegaba *a través de* ellos, y lo que nos llegó por medio de ellos era la nostalgia.

El peso de la gloria

(de «El peso de la gloria»)

PLACER

GRAN PARTE DE (no toda) nuestra literatura se hizo para ser leída de forma liviana y para entretenimiento. Si no la leemos, en cierto modo, «por diversión» y sí con cierta prevención, no la estamos utilizando como es debido, y todas nuestras críticas al respecto serán pura ilusión. Porque no se puede juzgar ningún producto si no se utiliza conforme a su intención original. No sirve de nada juzgar un cuchillo para cortar mantequilla comprobando si puede serrar troncos. Muchas de las malas críticas, de hecho, son el resultado de los esfuerzos de los críticos por obtener un resultado útil de algo que nunca pretendió producir más que placer.

Christian Reflections
(de «Christianity and Culture»)

ORIGINALIDAD

Ningún hombre que valore la originalidad será jamás original. Pero intenten decir la verdad tal como la ven, intenten hacer el más mínimo trabajo tan bien como pueda hacerse por amor al trabajo, y lo que los hombres llaman originalidad vendrá sin buscarlo.

El peso de la gloria

(de «Membresía»)

EL MITO DE LA ACTUALIZACIÓN

Y CUANTO MÁS a la moda esté el Libro de Oraciones, antes se volverá anticuado.

Si Dios no escuchase. Cartas a Malcolm

(del Capítulo 2)

MANTENERSE ACTUALIZADO

Por cierto, ¿cuál es la razón de mantenernos actualizados con los tiempos contemporáneos? ¿Por qué debemos leer a autores que no son de nuestro agrado sencillamente porque aún viven y son nuestros congéneres? En todo caso, uno tendría que leer los libros de todos los que tienen la misma profesión o el mismo color de cabello o los mismos ingresos económicos o la misma talla de ropa, por lo que veo.

Carta a Ruth Pitter,
6 de enero de 1951

AMPLITUD DE GUSTOS

EL HECHO DE tener muchos amigos no prueba que yo tenga una honda apreciación de la especie humana; sería lo mismo que decir —para probar la amplitud de mis gustos literarios— que soy capaz de disfrutar con todos los libros que tengo en mi biblioteca. En ambos casos, la respuesta es la misma: «Usted eligió esos libros, usted eligió esos amigos. Es lógico que le agraden».

La verdadera amplitud de gustos a la hora de leer se muestra cuando una persona puede encontrar libros acordes con sus necesidades entre los que ofrece una librería de viejo. La verdadera amplitud de gustos respecto a los hombres se muestra igualmente en que encontremos algo digno de aprecio en el muestrario humano con que uno tiene que encontrarse cada día.

Los cuatro amores

(del Capítulo III, «El afecto»)

UN PLACER GENUINO

Luego de haber estado presente en uno de esos cócteles, donde abunda el despilfarro de cultura pero jamás una palabra o un vistazo que me provoque un placer genuino de cualquier arte, persona u objeto natural, descubro que mi corazón se alegra al ver a aquel escolar que va en el ómnibus y lee la revista *Fantasy and Science Fiction*, cautivado por ella y ajeno al mundo que lo rodea. Al verlo, siento que me he encontrado con algo real, vivo y genuino; se trata de una experiencia literaria auténtica, espontánea, asidua y desinteresada. Me siento muy esperanzado por aquel niño. Aquellos que se dedican con gran esmero a cualquier libro, llegarán algún día a ocuparse en los buenos libros. Poseen la capacidad de apreciarlos. No son incompetentes. Incluso si a este niño jamás llegase a gustarle ningún otro libro que no sea de ciencia ficción, aun así, debido a su afecto logrará cosechar un fruto preciado, se olvidará de sí mismo.

The World's Last Night

(de «The Lilies That Fester»)

SNOBS LITERARIOS

Algunos críticos se refieren a los miembros de esta mayoría como si se tratase de la mayoría en todos los aspectos, como si se tratase, en realidad, de la chusma. Los acusan de incultos, de bárbaros, y les atribuyen una tendencia a reaccionar de forma tan «basta», «vulgar» y «estereotipada» que demostraría su torpeza e insensibilidad en todos los órdenes de la vida, convirtiéndolos así en un peligro constante para la civilización. A veces parece, según este tipo de crítica, que el hecho de leer narrativa «popular» supone una depravación moral. No creo que la experiencia lo confirme. Pienso que en la «mayoría» hay personas iguales o superiores a algunos miembros de la minoría desde el punto de vista de la salud psíquica, la virtud moral, la prudencia práctica, la buena educación y la capacidad general de adaptación. Y todos sabemos muy bien que entre las personas dotadas de sensibilidad literaria no faltan los ignorantes, los pillos, los tramposos, los perversos y los insolentes. Nuestra distinción no tiene nada que ver con el apresurado y masivo *apartheid* que practican quienes se niegan a reconocer este hecho.

Un experimento de crítica literaria
(del Capítulo 2, «Descripciones inadecuadas»)

REPASAR NUESTROS FAVORITOS CADA DÉCADA

Es obvio que uno debe leer todo libro bueno por lo menos una vez cada diez años.

Carta a Arthur Greeves,

17 de agosto de 1933

LA LECTURA Y LAS VIVENCIAS

ME PREGUNTAS SI alguna vez me he enamorado. Reconozco que soy tonto, pero no a tal extremo. Pero, si uno quisiera hablar de cualquier tema a partir de sus vivencias de primera mano, la conversación se tornaría un desastre. Y aunque en lo personal no he experimentado lo que se conoce como amor, poseo algo mejor: conozco a Safo, Eurípides, Catulo, Shakespeare, Spenser, Austen, Brontë y todos los demás que he leído. Logramos ver por medio de ellos. Y así como los grandes incluyen a los pequeños, las pasiones de las grandes mentes incluyen todas las cualidades de las pasiones de los pequeños. Y, por ello, tenemos todo el derecho a hablar de todos ellos.

Carta a Arthur Greeves,
12 de octubre de 1915

LIBRE PARA SALTÁRTELAS

Es una idea muy tonta la de que leyendo un libro no se debe «saltar» páginas. Todas las personas sensatas se saltan páginas con entera libertad cuando llegan a un capítulo que piensan que no les va a servir de nada.

Mero cristianismo
(del Capítulo 3, «El tiempo y más allá del tiempo»)

LIBRES PARA LEER

EL ESTADO EXISTE simplemente para promover y proteger la cotidiana felicidad de los seres humanos en esta vida. Un marido y su mujer charlando junto al fuego, dos amigos jugando a los dardos en un bar, un hombre leyendo un libro en su habitación o cavando en su jardín... es para esas cosas para las que existe el Estado. Y a menos que estén ayudando a aumentar y prolongar y proteger esos momentos, todas las leyes, ejércitos, Parlamentos, juzgados, policía, economía, etc., son sencillamente una pérdida de tiempo.

Mero cristianismo

(del Capítulo 8, «¿Es el cristianismo fácil o difícil?»)

HUCK

Me he estado entreteniendo con Tom Sawyer y Huckleberry Finn. Tengo curiosidad de saber por qué aquel hombre no volvió a escribir algo similar y al mismo nivel. La escena donde Huck decide ser «bueno» traicionando a Jim, pero luego descubre que es incapaz de hacerlo y llega a la conclusión de que es un réprobo, en realidad no tiene comparación en cuanto a su humor, patetismo y ternura. Y cala muy hondo en lo profundo de todos los problemas morales.

Carta a Warfield M. Firor,
6 de diciembre de 1950

EL ESPLENDOR DE LA NIÑEZ *VERSUS* LA ADOLESCENCIA

EN LO QUE concierne a volver a leer libros, he descubierto, así como tú, que los que leí en mis primeros años de adolescente por lo general no me gustan. No sucede lo mismo con los que leí en mi niñez. Quizá las niñas se desarrollen de una manera distinta, pero en mi caso, haciendo memoria de ello, me parece que el esplendor de la niñez y el de la adolescencia los separa una total aridez, donde uno sencillamente era un pequeño animal egoísta, cruel y malicioso y donde toda imaginación, excepto en su forma más primitiva, estaba dormida.

Carta a Rhona Bodle,
26 de diciembre de 1953

JANE AUSTEN

ME AGRADA SABER que consideras a Jane Austen una firme moralista. Concuerdo contigo. Y no de una manera tediosa, sino sutil y a la misma vez firme.

Carta a Dome Bede Griffiths,
5 de mayo de 1952

NO CREO QUE cualquier cosa pueda mantener separados al lector correcto y al libro adecuado. Pero nuestras predilecciones literarias son tan diversas como nuestros gustos humanos. Te resultaría imposible hacer que me guste Henry James y que me disguste Jane Austen.

Carta a Rhona Bodle,
14 de septiembre de 1953

HE ESTADO LEYENDO *Orgullo y prejuicio* por épocas a lo largo de mi vida y no me canso de hacerlo.

Carta a Sarah Neylan,

16 de enero de 1954

EL ARTE Y LA LITERATURA

Estoy de acuerdo plenamente con lo que has dicho acerca del arte y la literatura. Según mi parecer, estos dos solo pueden ser saludables cuando (a) reconocemos que su propósito es únicamente la representación inocente o (b) definitivamente están al servicio de la verdad religiosa o por lo menos de la moral. Tanto Dante como Pickwick están bien. Sin embargo, aquel grave arte irreligioso —arte por amor al arte— es toda una tontería; y por cierto, jamás existe cuando el arte florece. Hace poco leí algo acerca del amor (me refiero al amor sexual) que un escritor dijo: «deja de ser un demonio cuando deja de ser dios». ¿Acaso no es esta una descripción precisa?

Carta a Dom Bede Griffiths,
16 de abril de 1940

APRECIACIÓN DEL ARTE

MUCHOS CUADROS, POEMAS y novelas modernos que hemos conseguido «estimar» no son obras bien hechas en absoluto, pues no son ni siquiera *obras*. Son meros charcos de sensibilidad o reflexión derramadas. Cuando un artista está trabajando en sentido estricto, tiene en mente, por supuesto, el gusto existente, los intereses y la capacidad de su audiencia. Esto es parte de su materia prima, como el lenguaje, el mármol o la pintura. Es preciso usarlo, domesticarlo, sublimarlo, no ignorarlo ni oponerse a ello. La indiferencia altanera no es un rasgo de genio, ni prueba de integridad, sino pereza e incompetencia.

El diablo propone un brindis y otros ensayos
(de «La obra bien hecha y las buenas obras»)

MIRAR. ESCUCHAR. RECIBIR

Lo primero que exige toda obra de arte es una entrega. Mirar. Escuchar. Recibir. Apartarse uno mismo del camino. (No vale preguntarse primero si la obra que se tiene delante merece esa entrega, porque sin haberse entregado es imposible descubrirlo).

Un experimento de crítica literaria
(del Capítulo 3, «El uso que la minoría y la mayoría hacen de las obras pictóricas y musicales»)

HABLANDO DE LIBROS

CUANDO UNO HA terminado de leer un libro, pienso que no hay nada más fantástico que discutirlo con alguien más... aunque a veces produzca feroces debates.

Carta a Arthur Greeves,

14 de marzo de 1916

LA BENDICIÓN QUE NOS TRAEN LAS CARTAS

Es un eterno privilegio que poseen aquellos que escriben cartas plasmar en papel cosas que no dirían en persona; escribir de una manera más grandilocuente que la que normalmente usan al hablar; y expresar sentimientos que en conversaciones comunes pasarían desapercibidos.

Carta a Arthur Greeves,
10 de noviembre de 1914

EN ELOGIO A DANTE

Pienso que la poesía de Dante, en su totalidad, es la más grande de todas las que he leído. Sin embargo, cuando manifiesta su máxima expresión de calidad, casi no siento que sea Dante el que escribe aquello. Siento algo curioso, que este gran poema se escribe a sí mismo o, por lo menos, que la minúscula figura del poeta tan solo ofrece un leve toque de dirección, aquí y allá, a energías que, en su mayoría, se agrupan de manera espontánea y realizan aquellas evoluciones delicadas que conforman la Comedia... He llegado a la conclusión de que la máxima expresión de todo aquel arte poético resulta siendo una especie de abdicación, a la que se llega cuando toda la imagen del mundo que el poeta percibe ha logrado penetrar profundamente en su mente, que, a partir de ese momento, tan solo tiene que ponerse a un lado y dejar que los mares inunden y las montañas dejen caer sus hojas o que la luz brille y que las esferas sigan girando, y todo ello será poesía, no las cosas que uno intenta escribir con poesía.

Studies in Medieval and Renaissance Literature
(de «Dante's Similes»)

SOBRE ALEJANDRO DUMAS

SIGUIENDO LA SINCERA recomendación de mi hermano Warren, he intentado leer *Los tres mosqueteros*, pero no solo la encontré aburrida, sino también repugnante. Todos aquellos matones fanfarrones que viven a costa del dinero de sus amantes, ¡bah!... Uno descubre que está en un mundo de gallardía y aventuras y que carece de bases; no tiene conexión con la naturaleza humana ni con la madre naturaleza. Cuando la escena cambia de París a Londres, no hay señal de que se haya pasado a un nuevo país, ningún cambio de ambiente. Creo que no hay ni siquiera un pasaje que muestre que Dumas vio jamás una nube, un camino o un árbol.

Carta a Arthur Greeves,
25 de marzo de 1933

LA DELICIA DE LOS CUENTOS DE HADAS

Es curioso recordar que fue en esta época [con doce años] y no en mi primera infancia cuando disfruté más que nunca con los cuentos de hadas. Me sentía profundamente hechizado por los enanos, los que teníamos en aquellos días (enanos ancianos, con sus capirotes brillantes y sus barbas blancas como la nieve) antes de que Arthur Rackham los sublimara o Walt Disney los vulgarizara. Me los imaginaba con tal intensidad que llegué a las mismas fronteras de la alucinación. Una vez, paseando por el jardín, por un momento no estuve seguro de que un hombrecillo no hubiera pasado a mi lado para desaparecer entre los arbustos. Estaba un poco asustado, pero no era como mis terrores nocturnos. Un temor que me impidiera ir al País de las Hadas era algo a

lo que podía enfrentarme. Nadie es cobarde en todas las ocasiones.

Cautivado por la alegría

(de «Mountbracken y Campbell»)

C. S. Lewis

EL LENGUAJE
COMO COMENTARIO

Es IMPOSIBLE OFRECER una simple descripción.
El lenguaje te compele a ofrecer un comentario
implícito.

Present Concerns

(de «Prudery and Philology»)

COMUNICAR LA ESENCIA
DE NUESTRA VIDA

LA ESENCIA MISMA de nuestra vida como seres conscientes, todo el día y cada día, consiste en algo que no se puede comunicar si no es mediante indicios, símiles, metáforas y la apelación a esas emociones (en sí mismas no muy importantes) que sirven de indicadores.

Christian Reflections

(de «The Language of Religion»)

CATALOGANDO MIS LIBROS

PARA PODER DISFRUTAR de un libro minuciosamente he descubierto que lo tengo que ver como si fuera una afición y empezar a tratarlo con seriedad. Empiezo creando un mapa en una de sus hojas finales; luego añado uno o dos árboles genealógicos. Luego coloco encabezados en la parte superior de cada página. Finalmente, en la última página añado un índice con todos los pasajes que por alguna razón he subrayado. Me he preguntado a menudo —considerando la manera en que la gente disfruta de la afición a crear un álbum de fotos o de recortes— cuál es la razón por la que tan pocas personas no catalogan de esta manera los libros que han leído. Muchos libros aburridos que he tenido que leer, he terminado disfrutándolos por medio de este método, con un marcador de punta fina a mano.

Uno está siempre ocupado y leer un libro de esta manera lo convierte en una especie de juguete sin que deje de ser libro.

Carta a Arthur Greeves,
febrero de 1932

SOBRE PLATÓN Y ARISTÓTELES

Perder lo que les debo a Platón y Aristóteles sería como si me amputasen un brazo o una pierna.

Rehabilitations and Other Essays

(de «The Idea of an "English School"»)

IMAGINACIÓN

ME PARECE APROPIADO, casi inevitable, que si la gran Imaginación que, en un principio, para su propio deleite y para el de hombres, ángeles y (en cierto modo) bestias, inventó y formó todo el mundo natural, se sometió a sí mismo a expresarse en lenguaje humano, dicho discurso fuera en ocasiones poesía. Porque la poesía también tiene algo de encarnación, de dar cuerpo a lo que hasta entonces era invisible e inaudible.

Reflexiones sobre los Salmos
(del Capítulo I, «Introducción»)

SI TAN SOLO

Si tan solo tuviese el tiempo para leer un poco más. Tenemos dos opciones: leemos de una manera ligera y amplia o leemos con estrechez y profundidad.

Carta a Arthur Greeves,
2 de marzo de 1919

SOBRE SHAKESPEARE

DONDE MILTON MARCHA con firmeza y hacia ade-
lante, Shakespeare lo hace como si fuese una golon-
drina. Corre como un rayo hacia su tema y luego re-
tira la mirada; y luego retorna una vez más antes de
que tu vista pueda seguirlo. Es como si estuviese haciendo el esfuerzo y no se sintiera satisfecho. Te lanza
imagen tras imagen y aún cree que no ha hecho lo
suficiente. Nos presenta toda una artillería ligera de
mitología y se cansa de cada cañonazo, incluso antes
de haber disparado. Desea ver el objetivo desde una
docena de ángulos. Si es posible perdonar aquella
palabra poco digna, empieza a mordisquearla pedacito a pedacito, de este lado y del otro, como si fuese
una galleta dura. En casi todo uno puede encontrar
la misma clase de contraste entre estos dos poetas.

Selected Literary Essays

(de «Variation in Shakespeare and Others»)

SOBRE *HAMLET*

Con toda certeza es un fracaso artístico. Los argumentos llegan a esa conclusión… hasta que lees o ves *Hamlet* una vez más. Y cuando lo haces, lo único que te queda decir es que, si esto es fracaso, entonces el fracaso es mejor que el éxito. Queremos más de estas obras «malas». Desde nuestras primeras lecturas de la escena de los fantasmas, cuando éramos niños, hasta aquellos preciosos minutos que dedicamos a la corrección de exámenes de *Hamlet*, hasta la mismísima lectura de algunas páginas de *Hamlet*, ¿acaso hemos visto que en algún momento haya perdido su encanto? […] posee un encanto propio, un gusto omnipresente que todos reconocemos incluso en sus más pequeños fragmentos y que, una vez que los logramos probar, volvemos a él. Cuando queremos catar algo así, no hay libro alguno que sirva de sustituto.

Selected Literary Essays
(de «Hamlet: The Prince or The Poem?»)

SOBRE LEÓN TOLSTÓI

Lo más interesante que me ha sucedido desde mi más reciente escrito es haber leído *Guerra y paz* [...]. Ha cambiado completamente mi perspectiva de las novelas. Hasta el momento siempre las había visto como bastante peligrosas; me refiero a peligrosas para la salud de la literatura en general. Creía que el intenso «deseo por la narrativa» —esa apasionada curiosidad por «ver lo que sucede al final»— que las novelas promueven daña inevitablemente el deseo por otras mejores, aunque menos irresistibles, formas de placer por la literatura; y ese auge de la lectura de novelas explica principalmente la deplorable división de lectores entre incultos y cultos, siendo los incultos aquellos que sencillamente han aprendido a exigir libros con ese «deseo por la narrativa» desde que inician su vida lectora y que de antemano

han logrado destruir el gusto por algo mejor [...].
En esta obra, Tolstói ha logrado cambiar todo esto.

Carta a Arthur Greeves,
29 de marzo de 1931

CONSEJO DE ESCRITURA

La manera de desarrollar un estilo es: (a) saber qué es lo que uno quiere decir, y (b) asegurarse de decir exactamente lo que uno se propuso decir. Debemos recordar que el lector no empieza a leer sabiendo de antemano lo que queremos decir. Si nuestras palabras son ambiguas, el lector no entenderá el significado de lo que lee. A veces pienso que escribir es como arrear un rebaño de ovejas por una senda. Si hay algún desvío a la izquierda o a la derecha del camino, definitivamente los lectores lo seguirán.

Dios en el banquillo

(De «Entrevista»)

BUENA LECTURA

UN BUEN ZAPATO es aquel que no se nota. La buena lectura resulta posible cuando no es necesario pensar conscientemente en los ojos, la luz, la impresión o la ortografía.

Si Dios no escuchase. Cartas a Malcolm
(del Capítulo 1)

Apéndice

EJERCICIOS PARA MANTENER UN DIARIO QUE REFLEJE TUS HÁBITOS DE LECTURA

+ Enumera los diez libros que han logrado influenciar más tu vida hasta el día de hoy y escribe unas cuantas frases por cada libro respecto a la manera en que han logrado este cambio.

+ Lewis a menudo describe el don de la lectura como la oportunidad que uno tiene de «ver también por otros ojos». ¿Qué libros has leído que han podido revelarte una visión muy distinta a tu propio mundo? ¿De qué manera te han cambiado estas experiencias?

+ ¿Qué libros debes leer para que te presenten otros mundos que no conoces, tomando en cuenta que las diferencias pueden ser culturales, raciales, religiosas, históricas o algo más?

- Lewis aprecia mucho que se vuelvan a leer libros antiguos, incluso libros que uno leyó en la niñez. ¿Qué libros has vuelto a leer y por qué los volviste a escoger? ¿Qué libros has vuelto a leer más de una vez? ¿De qué manera te han influido estos libros?

- Enumera los recuerdos de libros que leíste en tu niñez y que te transportaron y generaron en ti el aprecio por los libros. ¿Has vuelto a leer algunos de ellos en tiempos recientes? ¿Volviste a sentir lo mágico de su lectura? ¿De qué manera estas primeras experiencias influenciaron tu vida?

- Enumera los libros antiguos que te has propuesto leer como un descanso de tus lecturas de libros contemporáneos.

- ¿Qué opinas del género de libros conocido como cuentos de hadas o de fantasía y magia, de los que Lewis tuvo tanto que decir? ¿Qué títulos te han influenciado más y qué crees que fue lo que te enseñaron acerca del mundo «real»?

+ Lewis escribe emotivamente respecto al descubrimiento de su autor favorito, George MacDonald. ¿Quién dirías que es tu autor favorito y que papel ha jugado en tu vida?

+ Lewis recalca la importancia de leer por puro placer. ¿Qué clase de libros lees por esta razón (incluso si es un placer oculto)? ¿Por qué crees que esta manera de leer es importante?

ACERCA DEL AUTOR

CLIVE STAPLES LEWIS (1898–1963) fue uno de los intelectuales más importantes del siglo veinte y podría decirse que fue el escritor cristiano más influyente de su tiempo.

Fue profesor particular de literatura inglesa y miembro de la junta de gobierno en la Universidad de Oxford hasta 1954, cuando fue nombrado profesor de literatura medieval y renacentista en la Universidad de Cambridge, cargo que desempeñó hasta que se jubiló. Sus contribuciones a la crítica literaria, literatura infantil, literatura fantástica y teología popular le trajeron fama y aclamación a nivel internacional.

C. S. Lewis escribió más de treinta libros, lo cual le permitió alcanzar una enorme audiencia, y sus obras aún atraen a miles de nuevos lectores cada año. Sus más distinguidas y populares obras incluyen *Las crónicas de Narnia, Los cuatro amores, Cartas del diablo a su sobrino* y *Mero cristianismo*.

DESCUBRE MÁS OBRAS DE

C. S. Lewis.

EN **librosdecslewis.com**